Fourth Edition

SPANISH FOR TEACHERS

Ana C. Jarvis
Chandler-Gilbert Community College

Raquel Lebredo
California Baptist College

D. C. Heath and Company
Lexington, Massachusetts   Toronto

Address editorial correspondence to:

D. C. Heath and Company
125 Spring Street
Lexington, MA 02173

Acquisitions: Denise St. Jean
Development: Sheila McIntosh
Editorial Production: Julie Lane
Design: Alwyn R. Velásquez
Production Coordination: Lisa Merrill

Published simultaneously in Canada.

Printed in the United States of America.

International Standard Book Number: 0–669–35467–8

10 9 8 7 6 5 4 3 2 1

The substantially revised Fourth Edition of *Spanish for Teachers* presents realistic situations and the specialized vocabulary that elementary- and secondary-school teachers need to communicate with Hispanic students and parents in the course of their daily work. Personalized questions, grammar exercises, dialogue completions, and role-plays provide students with numerous opportunities to apply, in a wide variety of practical contexts, the grammatical structures introduced in the corresponding lessons of the *Basic Spanish Grammar*, Fifth Edition, core text. In this Fourth Edition, *Spanish for Teachers* contains a preliminary lesson, twenty regular lessons, and four review sections.

New to the Fourth Edition

In preparing the Fourth Edition, we have kept in mind suggestions from reviewers and users of the previous editions and the need to develop students' ability to communicate effectively in Spanish. The following list highlights the major changes in the manual and its components designed to respond to those needs.

- A new, more fully developed *Lección preliminar* replaces the two preliminary lessons of the previous edition. Its content reflects the key communicative and structural elements introduced in the preliminary lessons of *Basic Spanish Grammar*, and focuses on high-frequency, practical vocabulary. The lesson is designed to foster students' confidence in their ability to learn Spanish and to encourage them to use the language actively from the very first day of class.
- The fine-tuned grammatical sequence parallels all changes made in *Basic Spanish Grammar*, Fifth Edition.
- The lesson framework has been reorganized to accommodate new features and to provide instructors and students with a more effective learning tool.
- The dialogues have been revised throughout to reflect current educational practices. To encourage students to derive meaning from context, the dialogue translations now appear in an appendix.
- To facilitate students' access to useful words and expressions, the optional vocabulary list that formerly appeared toward the end of each lesson now occurs in a new, thematically-organized *Vocabulario adicional* subsection that follows the lesson's main vocabulary. The lists have been updated and, where appropriate, expanded to reflect current educational practices and concerns.
- Where pertinent, new *Notas culturales* highlight Hispanic customs and traditions, as well as background information on behaviors and values, to assist teachers in their interactions with students and parents.
- For immediate reinforcement of new vocabulary and the dialogue's content, *¿Recuerdan ustedes?* and *Para conversar* sections follow the cultural notes.
- A number of grammar exercises have been revised to make them contextualized and/or more communicative.
- New *Un paso más* sections provide supplemental practice of the *Vocabulario adicional*.
- Each *Repaso* now features a *Práctica oral* section that is recorded on the Cassette Program. Throughout the manual, cassette icons signal additional recorded material.
- The appendixes feature a revised, more efficient reference tool for Spanish sounds and pronunciation as well as a new appendix with useful listings of conversion formulas for the metric system and the Celsius scale.

Organization of the Lessons

- Realistic dialogues model typical conversations in Spanish, using key vocabulary and grammatical structures that educators need in their daily work.
- The *Vocabulario* section summarizes the new, active words and expressions presented in the dialogue and categorizes them by part of speech. A special subsection of cognates heads up the vocabulary list so

students can readily identify these terms. The optional *Vocabulario adicional* subsection supplies supplementary vocabulary related to the lesson theme, while special notations identify useful colloquialisms.

- *Notas culturales* equip students with practical insights into culturally determined behavior patterns and other pertinent information regarding Hispanics in the United States.
- The *¿Recuerdan ustedes?* questions check students' comprehension of the dialogue.
- The *Para conversar* section provides personalized questions spun off from the lesson theme. Students are encouraged to work in pairs, asking and answering each of the questions.
- The *Vamos a practicar* section reinforces essential grammar points and the new vocabulary through a variety of structured and communicative activities.
- *Conversaciones breves* encourages students to use their own imaginations, experiences, and the new vocabulary to complete each conversation.
- The *En estas situaciones* section develops students' communication skills through guided role-play situations related to the lesson theme.
- Open-ended *Casos* offer additional opportunities for improving oral proficiency as students interact in situations they might encounter in their work as educators. These role-plays require spontaneous use of Spanish and are intended to underscore the usefulness of language study.
- The optional *Un paso más* section features one or two activities using a variety of formats to practice the supplementary words and expressions in the *Vocabulario adicional* section.

Repasos

A comprehensive review section, containing the following materials, appears after every five lessons. Upon completion of each section, students will know precisely what material they have mastered.

- *Práctica de vocabulario* exercises check students' cumulative knowledge and use of active vocabulary in a variety of formats: matching, true/false statements, identifying related words, sentence completion, and crossword puzzles. Solutions to the crossword puzzles appear in Appendix D so students can verify their responses independently.
- The *Práctica oral* section features questions that review key vocabulary and grammatical structures presented in the preceding five lessons. To develop students' aural and oral skills, the questions are also recorded on the Cassette Program.

Appendixes

- Appendix A, "Introduction to Spanish Sounds and the Alphabet," explains vowel sounds, consonant sounds, linking, rhythm, intonation, syllable formation, accentuation, and the Spanish alphabet.
- Appendix B, "English Translations of Dialogues," contains the translations of all dialogues in the preliminary lesson and the twenty regular lessons.
- Appendix C, "Metric System," features conversion formulas for temperature and metric weights and measures, as well as Spanish terms for U.S. weights and measures.
- Appendix D, "Answer Key to the *Crucigramas*," allows students to check their work on the crossword puzzles in the *Repaso* sections.

End Vocabularies

Completely revised, the comprehensive Spanish-English and English-Spanish vocabularies contain all words and expressions from the *Vocabulario* sections followed by the lesson number in which this active vocabulary is introduced. All passive vocabulary items in the *Vocabulario adicional* lists and the glosses in the exercises and activities are also included.

Cassette Program and Tapescript

The *Spanish for Teachers* Cassette Program opens with a recording of the vowels, consonants, and linking sections in Appendix A, "Introduction to Spanish Sounds and the Alphabet." The five mini-dialogues, the main vocabulary list, and the *Vocabulario adicional* list of the preliminary lesson are also recorded. For the twenty regular lessons, the Cassette Program contains recordings of the lesson dialogues (paused and unpaused versions), the active vocabulary list, and the supplementary words and expressions in the *Vocabulario adicional* section. The recordings of the *Práctica oral* section of the *Repasos* appear on the cassettes following Lessons 5, 10, 15, and 20 in accordance with their order in *Spanish for Teachers*. For students' and instructors' convenience, a cassette icon in the manual signals materials recorded on the Cassette Program.

The complete tapescript for the *Spanish for Teachers* Cassette Program is now available in a separate booklet that contains the tapescripts for the *Basic Spanish Grammar* program.

Testing

The *Testing Program/Transparency Masters* booklet for the *Basic Spanish Grammar* program includes a sample vocabulary quiz and two sample final exams for *Spanish for Teachers*, Fourth Edition. For instructors' convenience, answer keys for the tests and suggestions for scheduling and grading the quiz and exams are also supplied.

A Final Word

The many students who have used *Spanish for Teachers* in previous editions have enjoyed learning and practicing a new language in realistic contexts. We hope that the Fourth Edition will prepare today's students to communicate better with the Spanish-speaking people whom they encounter in the course of their work as educators.

We would like to hear your comments on and reactions to *Spanish for Teachers* and to the *Basic Spanish Grammar* program in general. Reports of your experience using this program would be of great interest and value to us. Please write to us care of D. C. Heath and Company, Modern Languages Editorial, College Division, 125 Spring Street, Lexington, MA 02173.

Acknowledgments

We wish to thank our colleagues who have used previous editions of *Spanish for Teachers* for their constructive comments and suggestions. We also appreciate the valuable input of the following educators and reviewers of *Spanish for Teachers*, Third Edition:

Lupe V. Casillas, Logan Elementary, El Paso, TX
Julio Cordero-Avila, Boston Public Schools, Boston, MA
Amarilis Hidalgo-De Jesus, Bloomsburg University of Pennsylvania
Robert Mena, Cochise College
Hugo Muñoz-Ballesteros, Tarleton State University

Finally, we extend our sincere appreciation to the Modern Languages Staff of D. C. Heath and Company, College Division: Denise St. Jean, Senior Acquisitions Editor; Sheila McIntosh, Developmental Editor; Julie Lane, Production Editor; Lisa Merrill, Production Coordinator; and Alwyn Velásquez, Senior Designer.

Ana C. Jarvis
Raquel Lebredo

Contents

Preliminar

En el salón de clase

These are the names of people and things one sees in a classroom. Learn to say them in Spanish.

📼 *Conversaciones breves*

A. —Buenos días, señorita Vega. ¿Cómo está usted?
—Muy bien, gracias, señor Pérez. ¿Y usted?
—Bien, gracias.

B. —Buenas tardes, doctora Ramírez.
—Buenas tardes, señorita Soto. Pase y tome asiento, por favor.
—Gracias.

C. —Profesora Ortiz: el señor Méndez.
—Mucho gusto, señor Méndez.
—El gusto es mío.

D. —¿Qué fecha es hoy?
—Hoy es el cuatro de enero.
—¿Hoy es martes?
—No, hoy es lunes.

2

E. —Hola, ¿qué tal, Pepe?
—Bien, ¿y tú? ¿Qué hay de nuevo?
—No mucho.

F. —Hasta luego, Marisa.
—Adiós, Jorge.

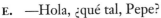 Vocabulario *(Vocabulary)*

SALUDOS Y DESPEDIDAS *(Greetings and farewells)*

Adiós. Good-bye.
Buenas noches. Good evening.
Buenas tardes. Good afternoon.
Buenos días. Good morning.
¿Cómo está Ud.? How are you?
Hasta luego. I'll see you later.
Hola. Hello. (Hi.)
Muy bien, ¿y usted? Very well, and you?
¿Qué hay de nuevo? What's new?
¿Qué tal? How's it going? *(informal)*

TÍTULOS *(Titles)*

doctor(a) (Dr[a].) doctor *(m., f.)*
profesor(a) professor, teacher *(f.)*
señor (Sr.) Mr., sir, gentleman
señora (Sra.) Mrs., madam, lady
señorita (Srta.) Miss, young lady

EXPRESIONES DE CORTESÍA *(Polite expressions)*

El gusto es mío. The pleasure is mine.
Gracias. Thank you.
Mucho gusto. It's a pleasure to meet you.
por favor please

EXPRESIONES ÚTILES *(Useful expressions)*

bien well, fine
las conversaciones breves brief conversations
hoy today
mucho much
no no, not
Pase. Come in.
¿Qué fecha es hoy? What's the date today?
Tome asiento. Have a seat.
y and

Vocabulario adicional (*Additional vocabulary*)

ALGUNAS EXPRESIONES ÚTILES (*Some useful expressions*)

When Speaking to One Student	When Speaking to the Whole Class	English Equivalent
1. Abre (Cierra) los libros.	Abran (Cierren) los libros.	Open (Close) your books.
2. Entrega la tarea (los exámenes).	Entreguen la tarea (los exámenes).	Turn in your homework (exams).
3. Escribe.	Escriban.	Write.
4. Escucha.	Escuchen.	Listen.
5. Estudia la lección __.	Estudien la lección __.	Study lesson __.
6. Levanta la mano.	Levanten la mano.	Raise your hand(s).
7. No corras.	No corran.	Don't run.
8. No empujes.	No empujen.	Don't push.
9. Presta atención.	Presten atención.	Pay attention.
10. Siéntate.	Siéntense.	Sit down.
11. Silencio, por favor.	Silencio, por favor.	Silence, please.
12. Ve a la página __.	Vayan a la página __.	Go to page __.
13. Ve a la pizarra.	Vayan a la pizarra.	Go to the board.
14. Vuelve a tu asiento.	Vuelvan a sus asientos.	Go back to your seat(s).

Notas culturales (*Cultural notes*)

- Cognates (*cognados*) are words that are similar in spelling and meaning in two languages. Some Spanish cognates are identical to English words. In other instances, the words differ only in minor or predictable ways. There are many Spanish cognates related to education and the teaching profession, as illustrated in the following lists. Learning to recognize and use cognates will help you to acquire vocabulary more rapidly and to read and speak Spanish more fluently.

arte	art	**instrucciones**	instructions
atención	attention	**literatura**	literature
cafetería	cafeteria	**matemáticas**	mathematics
ciencias	science(s)	**multiplicación**	multiplication
clase	class	**música**	music
comprensión	comprehension	**participación**	participation
división	division	**problema**	problem

¿Recuerdan ustedes? (*Do you remember?*)

Write appropriate responses to the following.

1. Buenos días, señora.

_____

2. Hola, ¿qué tal?

_____

3. ¿Cómo está usted?

    _____

4. Mucho gusto, señor.

    _____

5. ¿Qué fecha es hoy?

    _____

6. ¿Qué día es hoy?

    _____

7. ¿Qué hay de nuevo?

    _____

8. Hasta la vista.

    _____

Vamos a practicar (*Let's practice*)

A. Write how many of the following items there are in your classroom, using *hay*.

1. teachers _____

2. desks _____

3. windows _____

4. chalkboards _____

5. students _____

6. books _____

7. lights _____

B. You are responsible for scheduling parent-teacher conferences. In order to verify that you have written the following names correctly in the appointment book, spell each one in Spanish.

1. Sandoval

2. Fuentes

3. Varela

4. Ugarte

5. Barrios

6. Zubizarreta

C. **Write the definite article before each word and then write the plural form.**

1. _____ silla _____

2. _____ maestro _____

3. _____ señor _____

4. _____ conversación _____

5. _____ fecha _____

6. _____ doctor _____

7. _____ borrador _____

8. _____ tiza _____

9. _____ cuaderno _____

10. _____ regla _____

En estas situaciones (*In these situations*)

What would you say in the following situations? What might the other person say?

1. You meet Dr. Pérez in the morning and ask how she is.

2. You are at an evening parent-teacher conference. You greet Mrs. Peña.

3. You see your professor in the afternoon. You greet him/her.

4. You greet your friend Carlos and ask what's new with him.

5. One of your relatives asks you how you are.

6. You are leaving your friend María, whom you're going to see again that same day.

Un paso más (*One step further*)

Review the *Vocabulario adicional* in this lesson and match the phrases in Column A with their English equivalents in Column B.

	A			*B*
1.	Escriban.	_____	a.	Sit down.
2.	Ve a la pizarra.	_____	b.	Don't run.
3.	Vayan a la página _____.	_____	c.	Listen.
4.	Entreguen la tarea.	_____	d.	Go back to your seats.
5.	Presten atención.	_____	e.	Write.
6.	Escucha.	_____	f.	Open your books.
7.	Levanta la mano.	_____	g.	Don't push.
8.	No corras.	_____	h.	Go to the board.
9.	Estudien la lección.	_____	i.	Study the lesson.
10.	Siéntense.	_____	j.	Go to page _____.
11.	Silencio, por favor.	_____	k.	Turn in your homework.
12.	No empujes.	_____	l.	Pay attention.
13.	Vuelve a tu asiento.	_____	m.	Silence, please.
14.	Abran sus libros.	_____	n.	Raise your hand.

1

📼 *Conversaciones con la maestra*

La maestra habla con la[1] señora Vera.

MAESTRA	—María necesita mejorar, señora Vera.
SRA. VERA	—No trabaja mucho, ¿verdad?
MAESTRA	—No, y siempre habla en clase.
SRA. VERA	—¿Participa en clase?
MAESTRA	—Muy poco. Y no presta atención.
SRA. VERA	—¿Qué necesita estudiar?
MAESTRA	—Necesita repasar las tablas de multiplicar. También necesita leer más.
SRA. VERA	—Siempre lleva tarea a casa.
MAESTRA	—Sí, porque nunca termina el trabajo aquí.
SRA. VERA	—Bueno... la niña necesita ayuda.

A las cinco y cuarto de la tarde, la maestra habla con el[1] señor Alba.

SR. ALBA	—¿Algún problema con José?
MAESTRA	—¡No! José trabaja muy bien. Ya suma, resta, y multiplica.
SR. ALBA	—¿Y en lectura?
MAESTRA	—Bueno... a veces no escucha las instrucciones y no participa en las actividades de grupo.
SR. ALBA	—José trabaja mejor independientemente.
MAESTRA	—Sí, pero a veces necesita trabajar con los demás.
SR. ALBA	—Sí. ¡Ah! ¿Qué significa la *O* en la libreta de calificaciones?
MAESTRA	—La *O* significa "sobresaliente," la *S*, "satisfactorio" y la *N*, "necesita mejorar."
SR. ALBA	—Muy bien. Gracias. ¿Dónde firmo?
MAESTRA	—Aquí, por favor.
SR. ALBA	—¿Qué hora es, señorita?
MAESTRA	—Son las cinco y veinte.

---

[1]When referring to a third person and using a title, the definite article is used.

▣ Vocabulario

COGNADOS (*Cognates*)

la clase   class
independientemente   independently
la instrucción   instruction
el problema   problem
satisfactorio(a)   satisfactory

NOMBRES (*Nouns*)

las actividades de grupo   group activities
la ayuda   help
la lectura   reading
la libreta de calificaciones, la boleta de calificaciones (*Méx.*)**, la tarjeta de notas** (*Puerto Rico*)   report card
la materia   subject
el (la) niño(a)   child
la tarea   homework
el trabajo   work

VERBOS (*Verbs*)

escuchar   to listen
estudiar   to study
firmar   to sign
hablar   to speak
llevar   to take, to carry
mejorar   to improve, to get better
multiplicar   to multiply
necesitar   to need
participar   to participate
repasar   to review
restar   to subtract
significar   to mean, to stand for, to signify
sumar   to add, to add up
terminar, acabar   to finish
trabajar   to work

ADJETIVO (*Adjective*)

sobresaliente   outstanding

OTRAS PALABRAS Y EXPRESIONES (*Other words and expressions*)

a   at
a casa   home
a veces   sometimes
algún   any
aquí   here
bueno...   well . . .
con   with
¿dónde?   where?
en   in
leer más   to read more
los demás   the others
más   more
mejor   better
muy poco   very little
nunca   never
pero   but
porque   because
prestar atención   to pay attention
¿qué?   what?
¿Qué hora es?   What time is it?
¿Qué significa... ?   What does . . . mean?
sí   yes
siempre   always
Son las (+ *time*).[1]   It's (+ time).
tablas de multiplicar   multiplication tables
también   also
¿verdad?   right?, true?
ya   already

---

[1]**Es la una** is used to express *It's one o'clock*.

Vocabulario adicional

LECTURA (*Reading*)

la comprensión comprehension
la lectura oral oral reading
los sonidos sounds

ARITMÉTICA, MATEMÁTICAS
 (*Arithmetic, Mathematics*)

la división division
la multiplicación multiplication
la resta subtraction
la suma addition

LENGUAJE (*Language*)

la gramática grammar
la ortografía spelling

OTRAS MATERIAS (*Other subjects*)

Arte Art
Educación Física Physical Education
Música Music
Estudios Sociales Social Studies

COMPORTAMIENTO (*Behavior*)

la conducta conduct, citizenship
la cooperación cooperation
el esfuerzo effort

Notas culturales

- According to the United States Census Bureau, out of a total U.S. population of approximately 243.7 million, approximately 20.1 million are Hispanic. The largest Hispanic groups are Mexican Americans (62.6%), Puerto Ricans, (11.6%), Cubans (5.3%), and Central and South Americans (12.7%). The states with the highest Hispanic populations are California, Texas, New York, Florida, Illinois, Arizona, New Jersey, New Mexico, and Colorado. More than half of all U.S. Hispanics live in California and Texas alone. Over 90% of U.S. Hispanics live in urban areas, compared to 73% of non-Hispanics.

- It is important to remember that Hispanics in the United States do not constitute a homogeneous ethnic group. They have significant cultural, racial, and ethnic differences resulting from various combinations of Spanish, indigenous, African, European, and Mestizo traditions. They have different immigration stories, even within a single national group: the term "Mexican American," for example, may identify both recent immigrants and persons whose families have lived in what is now the United States since the sixteenth century. Nevertheless, familiarity with certain underlying cultural traditions and values predominant in Spanish-speaking countries may provide teachers of less acculturated Hispanic students insights into their students' assumptions regarding appropriate classroom behavior, actions or attitudes that are likely to be rewarded, and what to expect from teachers or other authority figures at school.

¿Recuerdan ustedes?

Answer the following questions, basing your answers on the dialogue.

1. Según (*according to*) la maestra, ¿qué necesita María?

   _____

2. ¿Participa María en clase?

   _____

3. ¿Qué necesita repasar la niña?

   _____

4. ¿Necesita María leer más, también?

   _____

5. ¿Lleva María tarea a casa?

   _____

6. ¿Termina María el trabajo en clase a veces?

   _____

7. Según la Sra. Vera, ¿qué necesita María?

   _____

8. ¿Trabaja bien José?

   _____

9. ¿Escucha José las instrucciones?

   _____

10. ¿José participa en las actividades de grupo?

    _____

11. ¿Qué significa la *N* en la libreta de calificaciones? ¿Y la *O*?

    _____

Para conversar (*To talk*)

With a classmate, take turns asking each other the following questions.

1. ¿Trabaja Ud. mucho?

   _____

2. ¿Trabaja Ud. mejor independientemente o con los demás?

   _____

3. ¿Necesita Ud. estudiar más?

   _____

4. ¿Presta Ud. atención en clase?

   _____

5. ¿Lleva Ud. tarea a casa?

   _____

6. ¿Necesita Ud. repasar la lección preliminar?

   _____

7. ¿Terminamos la tarea de español en la clase?

   _____

8. ¿Participan Uds. en clase?

   _____

9. ¿Necesitan Uds. ayuda?

   _____

10. ¿Qué hora es?

   _____

Vamos a practicar

A. Rewrite the following sentences or questions using the new subjects. Be sure to make all necessary changes.

1. ¿Roberto ya suma, resta y multiplica?

   ¿Ellos_____?

2. ¿Dónde firmo?

   ¿ _____ usted?

3. Elena termina la tarea a las doce de la noche.

   Nosotros _____.

4. Juan no presta atención en clase.

   Tú _____.

5. Mejoramos porque repasamos las lecciones.

   La niña _____.

6. Tú escuchas las instrucciones.

   Yo _____.

7. Yo estudio mucho.

   Roberto y yo _____.

8. La niña no necesita ayuda.

   Tú _____.

B. Write negative sentences using the subject and verb cues provided. Add words from the dialogue to provide as much information as possible.

1. ellos / terminar

   _____

2. nosotros / participar

   _____

3. yo / hablar

   _____

4. él / trabajar

   _____

5. tú / necesitar

   _____

Conversaciones breves

Complete the following dialogue using your imagination and the vocabulary from this lesson.

Una conversación.

SRA. PAZ —_____

MAESTRA —No, señora, la niña nunca termina la tarea.

SRA. PAZ —_____

MAESTRA —Sí, señora, habla mucho en clase.

SRA. PAZ —_____

MAESTRA —No, no participa mucho en clase y no presta atención.

SRA. PAZ —_____

MAESTRA   —Sí, señora, suma y resta bien, pero no multiplica bien.

SRA. PAZ   —_____

MAESTRA   —Lleva tarea a la casa porque no termina el trabajo aquí.

SRA. PAZ   —_____

MAESTRA   —Sí, trabaja bien con los demás, pero a veces no escucha las instrucciones.

SRA. PAZ   —_____

MAESTRA   —Sí, la niña necesita mucha ayuda.

SRA. PAZ   —_____

MAESTRA   —Sí, también necesita mejorar en lectura.

SRA. PAZ   —_____

MAESTRA   —Aquí, por favor.

SRA. PAZ   —_____

En estas situaciones

What would you say in the following situations? What might the other person say?

1. You are talking to a parent. Tell him his son does not participate in class and does not pay attention. Tell him also that he needs to review the multiplication tables.

2. You are a parent. Ask you child's teacher if your child needs help. Tell him/her your child always takes homework home. Ask if your child does not finish the work in class.

3. You are explaining the grading system to a parent. Tell him/her what *O*, *S*, and *N* stand for.

4. You are a parent. Tell your child's teacher that your child works well with others, but he does not work very well independently.

5. You are talking with your child's teacher. Ask him/her if there is any problem with the child, and if he/she needs to improve. Then ask what time it is.

Casos (*Cases*)

Act out the following scenarios with a partner.

1. A teacher holds a conference with the parent of a very good student.

2. A teacher holds a conference with the parent of a very poor student to discuss problems he/she is having in school.

Un paso más

Review the *Vocabulario adicional* in this lesson and write the Spanish equivalent of the following words.

1. subtraction _____

2. vocabulary _____

3. grammar _____

4. reading _____

5. citizenship _____

6. addition _____

7. comprehension _____

8. spelling _____

9. physical education _____

10. art _____

11. music _____

12. multiplication _____

13. effort _____

14. division _____

15. math _____

2

▣ *En la escuela*

El señor Soto habla con los niños en la clase. Primero pasa lista.

SR. SOTO	—Buenos días, niños. ¿Cómo están?
NIÑOS	—Buenos días, señor.
SR. SOTO	—(*Pasa lista.*) José Flores.
JOSÉ	—Presente.
SR. SOTO	—Ana Rodríguez.
CARLOS	—Ausente...

Después de pasar lista:

SR. SOTO	—(*A Carlos.*) ¿Necesitas lápiz y papel?
CARLOS	—No, señor, pero necesito el libro de lectura.
SR. SOTO	—Siempre debes traer el libro de lectura a la escuela, Carlos.
MARÍA	—Señor, ¿escribo la fecha en la pizarra?
SR. SOTO	—Sí, María. Raúl, ¿qué fecha es hoy?
RAÚL	—Hoy es el veinticinco de septiembre, señor.
LUPE	—¿Qué páginas leemos hoy, señor?
SR. SOTO	—Hoy deben leer las páginas trece, catorce y quince.
LUPE	—¿Leemos en voz alta?
SR. SOTO	—No, con la vista... ¡Silencio, niños!

Después de la hora de lectura los niños trabajan en grupos.

JULIO	—Señor, Alicia y yo necesitamos lápices de colores.
SR. SOTO	—Muy bien. Aquí hay lápices rojos, azules, amarillos, anaranjados, rosados y marrones para colorear.
JULIO	—¿Abro la ventana, señor?
SR. SOTO	—Sí, por favor.
CARMEN	—Necesito ir al baño, señor.
SR. SOTO	—Debes esperar un momento, Carmen.
ROSA	—¿Borro las palabras de la pizarra, señor?
SR. SOTO	—No, todavía no. Todos deben copiar el vocabulario en el cuaderno de ejercicios.

Entra la secretaria.

SECRETARIA	—Buenos días, señor Soto. Soy Amanda García, la nueva secretaria. Necesito saber si algunos estudiantes no comen en la cafetería hoy.
SR. SOTO	—Aquí tiene la lista, señora.

📼 Vocabulario

COGNADOS

la cafetería, el comedor (*Méx.*)   cafeteria
el grupo   group
la lista   list
el momento   moment

presente   present
el (la) secretario(a)   secretary
el silencio   silence
el vocabulario   vocabulary

NOMBRES

el baño   bathroom
el cuaderno de ejercicios   workbook
la escuela   school
la fecha   date
la hora de lectura   reading time
los lápices de colores   colored pencils
el libro de lectura   reading book
los (las) niños(as)   children
la página   page
la palabra   word
el papel   paper

VERBOS

abrir   to open
borrar   to erase
colorear   to color
comer   to eat
copiar   to copy
deber   must, should
entrar(en)   to enter
escribir   to write
esperar   to wait
saber   to know[1]
ser   to be
traer[2]   to bring

ADJETIVOS

amarillo(a)   yellow
anaranjado(a)   orange
ausente   absent
azul   blue
marrón, café (*Méx.*), **carmelita** (*Cuba*)   brown
nuevo(a)   new
rojo(a)   red
rosado(a), rosa   pink

OTRAS PALABRAS Y EXPRESIONES

a la escuela   to school
algunos(as)   some
Aquí tiene...   Here is . . .
¿Cómo están?   How are you? (when talking to more than one person)
con la vista, en silencio   silently (reading)
después (de)   after
en   on, at
en voz alta   aloud
hay   there is, there are
ir al baño   to go to the bathroom
más tarde   later
pasar lista   to take roll, to take attendance
primero(a)   first
si   if
todavía no   not yet
todos(as)   all, everybody

---

[1]Irregular first person: *yo sé*
[2]Irregular first person: *yo traigo*

18

Vocabulario adicional

PARA HABLAR DE LOS COLORES (*To talk about colors*)

blanco(a) white
claro(a) light
gris gray
morado(a) purple
negro(a) black
oscuro(a) dark
verde green

PERSONAS QUE TRABAJAN EN LA ESCUELA (*People who work in schools*)

el (la) director(a) principal
el (la) vicedirector(a) vice-principal
el (la) enfermero(a) nurse
el (la) conserje janitor

MÁS PALABRAS INTERROGATIVAS (*More interrogative words*)

cómo how
cuándo when
cuántos(as) how many
quién(es) who, whom
por qué why

¿Recuerdan ustedes?

Answer the following questions, basing your answers on the dialogue.

1. ¿Con quién habla el señor Soto?

   _____

2. ¿Pasa lista el señor Soto?

   _____

3. ¿Qué necesita Carlos?

   _____

4. ¿Quién escribe la fecha en la pizarra?

   _____

5. ¿Qué páginas deben leer los niños?

   _____

6. ¿Deben los niños leer en voz alta?

   _____

7. ¿Desea Julio abrir la ventana?

   _____

8. ¿Qué necesita Carmen?

   _____

9. ¿Dónde deben copiar los niños el vocabulario?

_____

10. ¿Quién entra en la clase?

_____

Para conversar

With a classmate, take turns asking each other the following questions.

1. ¿Quién (*Who*) es Ud.?

_____

2. ¿Es Ud. maestro(a)?

_____

3. ¿Escribe Ud. con lápiz o con pluma?

_____

4. ¿Qué copia Ud. en el cuaderno de ejercicios?

_____

5. ¿Lee Ud. en silencio o en voz alta?

_____

6. ¿Pasa el profesor (la profesora) lista en la clase de español?

_____

7. ¿A qué hora entra Ud. en la clase de español?

_____

8. ¿Qué libros debemos traer a la clase de español?

_____

9. ¿Con qué escribe Ud. en la pizarra?

_____

10. ¿Hay muchos estudiantes ausentes hoy?

_____

11. ¿Come Ud. en la cafetería hoy?

_____

12. ¿Qué fecha es hoy?

_____

Vamos a practicar

A. Rewrite the following sentences, replacing the underlined word with the word in parentheses. Be sure to make all necessary changes.

1. Necesito un <u>lápiz</u> rojo. (plumas)

_____

2. ¿Lees el libro <u>azul</u>? (azules)

_____

3. El niño colorea con el <u>lápiz</u> amarillo. (tizas)

_____

4. Debe traer tres <u>cuadernos</u> nuevos. (cuaderno)

_____

5. Necesitamos los <u>papeles</u> rosados. (papel)

_____

B. Complete the following dialogues, using the present indicative of the verbs given.

1. abrir / deber / esperar

—Juan _____ la puerta. ¿Nosotros _____ _____ las ventanas también?

—No, Uds. _____ _____ un momento.

2. comer / ser

—Yo _____ en la cafetería hoy. ¿Dónde _____ ustedes?

—¿Qué día _____ hoy? ¿Lunes? Los lunes nosotros _____ en casa (*at home*).

3. escribir

—Carlos, ¿tú _____ con lápiz o con pluma?

—Yo _____ con pluma, pero muchos estudiantes _____ con lápiz.

4. ser

—El Sr. Soto y la Sra. Vega _____ profesores.

—¿De dónde _____ ?

—_____ de Arizona. ¿Y ustedes?

—Nosotros _____ de California. Yo _____ maestro y Carlos

_____ director de una escuela.

Conversaciones breves

Complete the following dialogues, using your imagination and the vocabulary from this lesson.

La maestra habla con Rosita y con Carlos.

MAESTRA —Rosita, es la hora de lectura.

ROSITA — _____

MAESTRA —¿Necesitas el libro de lectura? Pero, Rosita, siempre debes traer el libro a clase.

ROSITA — _____

MAESTRA —Primero debes leer la página 15 y después la página 16.

ROSITA — _____

MAESTRA —No. Debes leer en voz alta.

CARLOS — _____

MAESTRA —No, todavía no debes borrar la pizarra. Debes esperar un momento.

CARLOS — _____

MAESTRA —Sí, necesitas repasar el vocabulario.

CARLOS — _____

MAESTRA —Hoy es el 12 de mayo.

En estas situaciones

What would you say in the following situations? What might the other person say? (One person may play the role of several students.)

1. Greet your students and ask them how they are. Respond to a student who volunteers to erase the chalkboard.

2. Tell your students that they must write the date in their notebook. Today is May second.

3. You are in your Spanish class. The teacher is calling roll. Respond when your name is called, and answer for a student who is not there. Then ask your teacher what pages you should study, and whether you should read aloud or silently.

4. Your students are being very noisy. One of them needs to go to the bathroom, and another needs a pen and some paper. You need to restore order and to tell them everybody must copy the vocabulary in the workbook.

5. One of your students always forgets to bring the reading book to class. Talk to him/her.

6. Tell your students what time it is.

Casos

Act out the following scenarios with a partner.

1. A teacher converses in class with his/her students. (One partner will play the role of several students.)

2. Two students discuss the things they do in their classroom.

Un paso más

A. Review the *Vocabulario adicional* in this lesson and then write the questions that originated the responses given.

1. _____

   Bien, gracias. ¿Y usted?

2. _____

   Los niños estudian el vocabulario los lunes.

3. _____

   Irma borra la pizarra.

4. _____

   Necesito seis lápices.

5. _____

   No aprende porque (*because*) no presta atención.

B. Complete the following sentences with the appropriate word.

1. El color rojo y el color azul forman (*form*) el color _____ .

2. No necesito un lápiz azul claro. Necesito un lápiz azul _____ .

3. El color negro y el color blanco forman el color _____ .

4. La secretaria trabaja con el director y con la _____ .

5. La _____ trabaja en la escuela los lunes y en el hospital los martes.

6. El color amarillo y el color azul forman el color _____ .

7. El _____ limpia (*cleans*) la escuela.

3

📼 *En la clase de lenguaje*

Los alumnos del señor Mena repasan el material para el examen de lenguaje.

MAESTRO	—La lección para hoy es un repaso de las partes de la oración.
ANTONIO	—¿En qué página están los ejercicios, señor?
MAESTRO	—En la página cuarenta. Deben subrayar los verbos, los nombres y los adjetivos.
TERESA	—¿Escribimos oraciones con las palabras nuevas?
MAESTRO	—Sí, deben escribir una oración con cada palabra nueva.
TOMÁS	—¿Cómo se escribe "Phoenix", maestro?
MAESTRO	—Pe–hache–o–e–ene–i–equis.
TOMÁS	—¿Con *P* mayúscula o con *p* minúscula?
MAESTRO	—Siempre debes escribir los nombres propios con letra mayúscula.
JORGE	—¿Cúando es el examen de ortografía, maestro?
MAESTRO	—El viernes. ¡Ah! Jorge, ¿dónde está tu composición?
JORGE	—Está en mi casa. No está terminada todavía.
ALICIA	—¿Cuáles son las palabras que debemos aprender para el examen de ortografía?
MAESTRO	—Todas. También deben dar el significado de cada una.
TERESA	—Aquí están mis oraciones. ¿Están bien así, señor?
MAESTRO	—Sí, muy bien. Tu letra es muy bonita y muy clara.
OSCAR	—Mi trabajo está mal, ¿verdad?
MAESTRO	—No, tus oraciones son correctas, pero debes escribir con más cuidado.
OLGA	—Maestro, necesito usar el sacapuntas.
MAESTRO	—Está roto. Debes ir a la oficina para usar el sacapuntas de la secretaria.
OLGA	—¿Voy ahora o voy después?
MAESTRO	—Ahora.
RAFAEL	—Señor, ¿cómo se dice "regla" en inglés?
MAESTRO	—*Ruler.* Rafael, debes aprender a[1] buscar las palabras en el diccionario. (*A la clase.*) Ahora deben guardar los libros. Es la hora del recreo.

Regresa Olga.

OLGA	—Señor Mena, llaman a Jorge Rodríguez por teléfono. ¡Es una emergencia!
MAESTRO	—Jorge, debes ir a la oficina de la directora ahora mismo.

---

[1]After *aprender*, the preposition *a* is used before the infinitive.

🔲 Vocabulario

COGNADOS

el adjetivo adjective	**el examen** exam
la composición composition	**el material** material
correcto(a) correct	**la oficina** office
el diccionario dictionary	**la parte** part
el ejercicio exercise	**el verbo** verb
la emergencia emergency	

NOMBRES

el (la) director(a) principal, director
la hora del recreo recess time
el inglés English (language)
la lección lesson
la letra handwriting, letter
el nombre, el sustantivo noun
los nombres propios proper nouns
la oración sentence
la ortografía spelling
el repaso review
el significado meaning

VERBOS

aprender to learn
buscar to look for
dar to give
estar to be
guardar to put away, to keep
ir to go
llamar to call
regresar to return, to go (come) back
subrayar to underline
usar to use

ADJETIVOS

bonito(a) pretty, beautiful
claro(a) clear
mayúscula uppercase, (capital) letter
minúscula lowercase, (small) letter
roto(a) broken
terminado(a) finished

OTRAS PALABRAS Y EXPRESIONES

ahora now
ahora mismo right now
así like this
cada each
¿cómo se dice... ? how do you say . . . ?
¿cómo se escribe(n)... ? how do you spell . . . ?
con más cuidado more carefully, with more care
cuál(es) which, what
en mi casa at home (lit. at my house)
la lección para hoy today's lesson
llamar por teléfono to call on the phone
mal badly, wrong
para for
¿Voy ahora? Shall I go now?

Vocabulario adicional

OTRAS PARTES DE LA ORACIÓN (*Other parts of speech*)

el adverbio adverb
el artículo definido definite article
el artículo indefinido indefinite article
la conjunción conjunction

la interjección interjection
los nombres comunes common nouns
la preposición preposition

PALABRAS RELACIONADAS CON EL LENGUAJE (*Words related to language*)

la abreviatura abbreviation
el antónimo antonym
el complemento object
la definición definition
en orden alfabético in alphabetical order
el futuro future

el pasado past
el predicado predicate
el presente present
el sinónimo synonym
el sujeto subject
el tiempo tense

¿Recuerdan ustedes?

Answer the following questions, basing your answers on the dialogue.

1. ¿Qué repasan los alumnos del señor Mena? ¿Para qué?

   _____

2. ¿Cuál es la lección para hoy?

   _____

3. ¿En qué página están los ejercicios?

   _____

4. ¿Qué deben subrayar los niños?

   _____

5. ¿Qué más escriben los alumnos?

   _____

6. ¿Cómo se escriben los nombres propios?

   _____

7. ¿Qué día es el examen de ortografía?

   _____

8. ¿Dónde está la composición de Jorge? ¿Está terminada?

   _____

9. ¿Están mal las oraciones de Oscar? ¿Qué debe hacer él?

   _____

10. ¿Qué debe aprender Rafael?

    _____

11. ¿Adónde (*To where*) va Olga? ¿Qué necesita?

    _____

12. ¿A quién llaman por teléfono?

    _____

13. ¿Adónde debe ir el niño ahora mismo?

    _____

Para conversar

With a classmate, take turns asking each other the following questions.

1. ¿Qué debe aprender Ud. hoy?

_____

2. ¿Busca Ud. todas las palabras nuevas en el diccionario?

_____

3. ¿Su profesor da un examen el viernes?

_____

4. ¿En qué página está la lección para hoy?

_____

5. ¿Hay sacapuntas en su salón de clase?

_____

6. La palabra aprender ¿es un nombre, un adjetivo o un verbo?

_____

7. ¿Cuál es el significado en inglés del verbo subrayar?

_____

8. ¿Es clara su letra o debe escribir con más cuidado?

_____

9. ¿Cómo se dice respuesta en inglés?

_____

10. ¿Dónde guarda Ud. sus papeles?

_____

Vamos a practicar

A. Give the Spanish equivalent of the words in parentheses. Remember to add the personal *a* when necessary.

1. Ella necesita _____ hoy. (*the teacher's dictionary*)

2. La señora Rivas llama _____ . (*Maria's teacher*)

3. La directora _____ en _____ oficina. (*is / her*)

4. Nosotros _____ a San Francisco con _____ maestros. (*go / our*)

5. Yo no _____ número de teléfono. (*give / my*)

6. Juanito, ¿Dónde _____ lápices? (*are / your*)

7. Necesitamos llamar _____, Pepito. ¿Dónde _____ él?

   ¿En _____ casa? (*your principal / is / his*)

8. Yo no _____ a la clase hoy. (*go*)

B. **Complete the following sentences or questions using the correct form of *ser*, *ir*, *dar* or *estar*.**

1. El repaso para el examen _____ hoy.

2. Los ejercicios _____ en la página dos.

3. El maestro _____ a la oficina y los estudiantes _____ a la clase.

4. Hoy yo _____ un examen de inglés.

5. El verbo y el adjetivo _____ dos partes de la oración.

6. Yo _____ maestra y ellos _____ estudiantes.

7. Yo no _____ a la clase hoy.

8. ¿Tú _____ la lección de lenguaje hoy?

Conversaciones breves

Complete the following dialogue, using your imagination and the vocabulary from this lesson.

El maestro habla con sus alumnos.

MAESTRO —_____

JORGE —Sí, señor, mi composición está terminada.

MAESTRO —_____

JORGE —Está en su escritorio.

RAÚL —¿Cuándo es el repaso para el examen de lenguaje, señor Rodríguez?

MAESTRO —_____

RAÚL —¿El jueves? ¿Y debemos dar el significado de las palabras nuevas en el examen?

MAESTRO —_____

RITA —¿Cuántas oraciones debemos escribir con cada palabra?

MAESTRO —_____

RITA   —Señor, ¿cómo se escribe "bien" en inglés?

MAESTRO —_____

TOMÁS   —Señor, ¿mi trabajo está bien así?

MAESTRO —_____

En estas situaciones

What would you say in the following situations? What might the other person say? (One person may play the role of several students.)

1. Tell your students to what page they must open their language arts book. Today's lesson is a review of parts of the sentence.

2. Tell your students to underline the verbs, nouns, and adjectives in all the sentences on the page.

3. Ask your Spanish teacher if "*abril*" is spelled with an uppercase "*a*" or a lowercase "*a*."

4. Tell your students that the spelling test is on Thursday. Tell them they must learn all the new words and give the meaning of each one. Tell them also that they should look up the words in the dictionary.

5. Tell one of your students that his/her sentence is correct but that his handwriting is not clear, and that he/she must write more carefully.

6. Tell your Spanish teacher that your composition is in your notebook, but it is not finished yet.

7. Tell your students that the pencil sharpener, the ruler, and the dictionary are on your desk. Tell them also that they must put their books and notebooks away because it is time for recess.

8. Instruct one of your students to go to the principal's office.

Casos

Act out the following scenarios with a partner.

1. A student asks his/her teacher questions about assignments, spelling, dates of tests, where things are, etc.

2. Two students studying for a spelling test take turns asking each other how to spell various words.

Un paso más

A. Review the *Vocabulario adicional* in this lesson and identify the parts of speech that correspond to the following words.

1. los _____

2. ¡Ah! _____

3. con _____

4. libro _____

5. la _____

6. mal _____

7. y _____

8. una _____

9. independientemente _____

B. Complete the following sentences, using the new words.

1. Necesito buscar la _____ de las palabras en el diccionario.

2. En la oración "Juan es maestro", la palabra "Juan" es el _____ y "el maestro" es

   el _____ .

3. En el diccionario, todas las palabras están en _____ .

4. "I go" está en _____ presente. "I went" está en tiempo _____ .

   "I will go" está en tiempo _____ .

5. La _____ de "usted" es "Ud."

6. En la oración "Yo llamo a Luis", "Luis" es el _____ .

7. "Bien" y "mal" no son sinónimos; son _____ .

8. "Estudiante" y "alumno" son _____ .

4

📼 En la clase de geografía

Hoy la maestra viene a clase con mapas, carteles y láminas. También tiene un globo terráqueo. La lección de hoy es sobre la geografía de los Estados Unidos.

MAESTRA	—¿En qué continente está situado nuestro país?
CÉSAR	—En Norteamérica.
MAESTRA	—¿Cuáles son los límites de los Estados Unidos?
LUPE	—Al norte limita con el Canadá, al sur con México, al este con el Océano Atlántico, y al oeste con el Océano Pacífico.
MAESTRA	—¡Muy bien! ¡Eres muy inteligente! Y ¿cuál es el río más largo de los Estados Unidos?
ROBERTO	—¿El río Misisipí?
MAESTRA	—No, el río Misuri es más largo que el río Misisipí. Es el más largo de todos.
SARA	—¡Señorita! La montaña más alta es el Monte McKinley, ¿verdad?
MAESTRA	—Sí. ¿Cuántos estados tiene nuestro país y cuál es su población?
JOSÉ	—Tiene cincuenta estados, pero no estoy seguro del número de habitantes.
MAESTRA	—Más o menos doscientos cincuenta millones. ¿Cuál es la capital de los Estados Unidos?
EVA	—¿Nueva York?
MARTA	—¡No! Washington D.C. Allí vive el presidente.
MAESTRA	—Muy bien, Marta. También tenemos un estado que no está dentro del continente. ¿Cuál es?
RAFAEL	—Hawaii. Mi tío vive allí en la isla de Maui, y viene la semana próxima. Él es profesor.
MAESTRA	—¡Qué bien! ¡Qué contento debes estar! ¿Cuál es el producto principal que tiene Hawaii?
RAFAEL	—El azúcar... Y tiene muchos volcanes.
MAESTRA	—Es verdad. Mario, ¿cuál es la superficie de los Estados Unidos?
MARIO	—¿Un millón de millas cuadradas?
MAESTRA	—No, mucho más. Tiene tres millones, seiscientas ochenta y siete mil, cuatrocientas veintiocho millas cuadradas.
OLGA	—¡Uy! ¿Es el país más grande del mundo?
MAESTRA	—No, pero es uno de los más grandes. Tiene muchas fuentes de riqueza: la agricultura, la ganadería, la industria, la pesca y la minería. Bueno, ahora tenemos que guardar los libros porque tenemos la práctica de incendios.

📼 Vocabulario

COGNADOS

la agricultura agriculture	**la isla** island
Atlántico Atlantic	**el millón** million
la capital capital	**el monte** mount
el continente continent	**el océano** ocean
la geografía geography	**Pacífico** Pacific
la industria industry	**el presidente** president
inteligente intelligent	**el producto** product

NOMBRES

el azúcar sugar
el cartel poster, chart
el estado state
los Estados Unidos United States
el este east
la ganadería livestock
el globo terráqueo globe
el (la) habitante inhabitant
el incendio, el fuego fire
la lámina, la ilustración picture, illustration
el límite boundary
la milla mile
la minería mining
la montaña mountain
el mundo world
el norte north
el número number
el oeste west
el país country, nation
la pesca fishing
la población population
la práctica, el simulacro (*Méx.*) drill
el río river
la semana week
la superficie, el área area
el sur south
la tía aunt
el tío uncle
el volcán volcano

VERBOS

limitar (con), colindar (con) (*Méx.*) to border
tener to have
venir to come
vivir to live

ADJETIVOS

alto(a) high, tall
contento(a) happy, content
grande big, large
largo(a) long
principal main
próximo(a) next
seguro(a) sure
situado(a) located, situated

OTRAS PALABRAS Y EXPRESIONES

allí there
cuántos(as) how many
dentro in, inside
fuentes de riqueza sources of income
la semana próxima next week
mañana tomorrow
más o menos about, more or less
Norteamérica (América del Norte) North America
que that, than
¡qué bien! how nice!
¡qué contento! how happy!
sobre about
¡uy! wow!

Vocabulario adicional

OTROS LUGARES (*Other places*)

África   Africa
Antártica   Antarctica
Asia   Asia
Australia   Australia
Centroamérica (América Central)
   Central America
Sudamérica (América del Sur)
   South America

PALABRAS RELACIONADAS CON LA
   GEOGRAFÍA (*Words related to geography*)

el archipiélago   archipelago
el cabo   cape
la cordillera   chain of mountains
el desierto   desert
el golfo   gulf
el lago   lake
el mar   sea
el meridiano   meridian
el paralelo   parallel
la península   peninsula
el polo   pole

PALABRAS RELACIONADAS CON EL CLIMA
   (*Words related to weather*)

cálido(a)   warm, hot
frío(a)   cold
templado(a)   temperate

FENÓMENOS NATURALES (*Natural phenomena*)

el ciclón   cyclone
el huracán   hurricane
el terremoto   earthquake

Notas culturales

Most Hispanic children are taught from an early age that the family comes first. Knowing one's place in a hierarchical, often authoritarian family structure and showing appropriate deference and respect to older family members are of great importance, as is recognizing the interdependence of family members and the necessity of placing the family's well-being ahead of one's own needs or desires. Within this context, traditional "American" values such as individualism, freedom of choice, and self-sufficiency are of secondary importance.

¿Recuerdan ustedes?

Answer the following questions, basing your answers on the dialogue.

1. ¿Qué tiene la maestra para enseñar (*to teach*) la clase de hoy?

   _____

2. ¿Sobre qué es la lección de hoy?

   _____

3. ¿Con qué países limitan los Estados Unidos?

   _____

4. ¿Cuántos habitantes hay en los Estados Unidos?

_____

5. ¿Dónde vive el tío de Rafael y cuándo viene?

_____

6. ¿Cuál es el producto principal del estado de Hawaii?

_____

7. ¿Qué fuentes de riqueza tiene nuestro país?

_____

8. ¿Por qué tienen que guardar los libros los estudiantes?

_____

Para conversar

With a classmate, take turns asking each other the following questions.

1. ¿En qué estado vive Ud.?

_____

2. ¿Con qué limita al oeste el estado donde Ud. vive? ¿Y al norte?

_____

3. Más o menos, ¿cuántos habitantes tiene su ciudad (*city*)?

_____

4. ¿Con qué limitan los Estados Unidos al este? ¿Y al sur?

_____

5. ¿Está situado nuestro país en Sudamérica (*South America*)?

_____

6. ¿Están dentro del continente todos los estados de los Estados Unidos?

_____

7. ¿Cuál es la capital de su estado? ¿Vive Ud. allí?

_____

8. ¿Dónde vive el presidente de los Estados Unidos?

_____

9. ¿Cuál es el río más largo de nuestro país? ¿Y de su estado?

_____

10. ¿Cuál es la montaña más alta de los Estados Unidos?

   _____

11. ¿Cuáles son las fuentes de riqueza de su estado?

   _____

12. ¿Cuál es la capital de Venezuela?

   _____

13. ¿En qué país está Bogotá?

   _____

14. ¿Tiene Ud. muchas láminas en su clase? ¿Y carteles?

   _____

Vamos a practicar

A. **Complete the following sentences, using one of the following.**

   de la   a la
   de las   a las
   del   al
   de los   a los

1. Vamos _____ río.

2. Es uno _____ ríos más largos _____ isla.

3. Mi tío va _____ montañas.

4. El globo terráqueo es _____ profesoras que están allí.

5. México está _____ sur _____ Estados Unidos.

6. Las láminas son _____ maestro.

7. El monte Everest es la montaña más alta _____ mundo.

8. Yo voy _____ capital.

B. **Establish comparisons using the adjectives in parentheses. Add the corresponding definite articles whenever necessary.**

1. (alto)   el profesor / yo

   _____

2. (largo)   río Colorado / río Grande

   _____

3. (grande)   mi casa / la escuela

_____

4. (pequeño)   Océano Atlántico / Océano Pacífico

_____

5. (interesante)   Lección 4 / Lección 3

_____

C. Use the correct form of *tener, venir, tener que,* and *hay que* to make sentences a newscaster might say on television.

1. El estado de Arizona _____ ahora muchos más habitantes que en el año 1985.

2. El presidente _____ a California mañana.

3. ¡Es una emergencia! ¡ _____ llamar al 911!

4. ¡Cuidado! _____ un ciclón.

5. Todos nosotros _____ estudiar la geografía de nuestro país.

6. Los continentes de Asia y América _____ muchas montañas altas.

7. Yo _____ de Virginia para trabajar en KRTZ–TV.

Conversaciones breves

Complete the following dialogue, using your imagination and the vocabulary from this lesson.

En la clase de geografía:

MAESTRA —Hoy nuestra lección es sobre los Estados Unidos.

RITA — _____

MAESTRA —No, nuestro país no es el más grande de todos.

MARCOS — _____

MAESTRA —Tiene más o menos doscientos cincuenta millones de habitantes. ¿Cuántos estados tiene nuestro país, Raúl?

RAÚL — _____

MAESTRA —¿Qué estado tiene muchos volcanes?

CARMEN — _____

MAESTRA —¿Es Hawaii una isla o un continente?

IRENE — _____

MAESTRA —¿Es la pesca una fuente de riqueza de los Estados Unidos?

CLARA — _____

MAESTRA —¡Qué bien! Uds. estudian mucho. Estoy muy contenta.

En estas situaciones

What would you say in the following situations? What might the other person say? (One person may play the role of several students.)

1. The topic of today's class is the geography of the United States. You want to make sure that your students know in which continent the United States is situated, what its boundaries are, its highest mountain, its longest river, its capital, and the number of states it has.

2. Ask your students to identify the population and area of the United States.

3. You and your students are discussing the major sources of income in the United States.

4. Your class is going to have a fire drill next week.

Casos

Act out the following scenarios with a partner.

1. A teacher asks students a variety of questions about the geography of the United States.

2. Students quiz one another on the geography of their state.

Un paso más

Review the *Vocabulario adicional* in this lesson and complete the following sentences with the appropriate word or phrase.

1. Norteamérica, _____, _____, _____,

   _____, _____ y _____ son los siete continentes.

2. El Huron es un _____ .

3. Un _____ es un grupo de islas.

4. Las líneas del globo terráqueo son los _____ y los _____ .

5. El Canal de Panamá está en _____ .

6. El Mediterráneo es un _____ .

7. El _____ Canaveral está en el estado de la Florida.

8. El Sahara es un _____ .

9. La Florida es una _____ .

10. Louisiana limita al sur con el _____ de México.

11. No es un huracán. Es un _____ .

12. El _____ Norte tiene un clima muy frío.

13. Chile limita al este con la _____ de los Andes.

14. Frecuentemente hay _____ en California.

5

🔊 *En la clase de arte*

Hoy los alumnos de segundo grado van a aprender a hacer un árbol de Navidad.

MAESTRA	—Niños, hoy vamos a hacer varias cosas con papeles de colores.
BLANCA	—Señorita, yo no tengo tijeras. ¿Vamos a recortar algo?
MAESTRA	—Sí. Hay tijeras y goma de pegar en el armario que está a la derecha.
SILVIA	—¿Dónde está el estambre, señorita?
MAESTRA	—En el estante de arriba, a la izquierda. Bueno, vamos a empezar.
ELBA	—¿Qué color de papel vamos a usar?
MAESTRA	—Verde. Primero vamos a doblar el papel por la mitad y dibujar el árbol.
JAVIER	—Yo no tengo el modelo.
MAESTRA	—Hay uno en el primer cajón de mi escritorio.
JAVIER	—¿Aquí?
MAESTRA	—Sí. (*A la clase*) Deben poner el modelo sobre el papel y trazar una línea alrededor del árbol.
HILDA	—Yo no entiendo, maestra.
MAESTRA	—Así, con el papel doblado. (*A la clase*) Ahora deben cortar, siguiendo la línea del dibujo.
RUBÉN	—¿Ya está listo?
MAESTRA	—No, ahora vamos a recortar círculos pequeños de diferentes colores.
GLORIA	—¿Para qué?
MAESTRA	—Vamos a pegar los círculos en el árbol.
YOLANDA	—¡Es un árbol de Navidad! ¡Qué bonito![1]
MAESTRA	—Ahora vamos a hacer un Santa Claus de fieltro y algodón.

Después del recreo, los niños regresan al salón de clase y continúan la clase de arte.

MAESTRA	—¡Jaime! ¡No debes mascar chicle aquí! (*A la clase*) ¡Ah, niños, ya son las tres menos veinte!
JAIME	—¿Vamos a terminar el Santa Claus[2] hoy?
MAESTRA	—No, el lunes. Ahora van a recoger todas las cosas y a limpiar las mesas. Es la hora de salida.

---

[1]Spanish *que* + adjective: English *how* + adjective.
[2]*Santa Clos*, in Mexico.

41

📼 Vocabulario

el arte   art
el color   color
el grado   grade
la línea   line

NOMBRES

el¹ agua (*f.*)   water
el algodón   cotton
el árbol   tree
el armario, el gabinete (*Mex.*)   cabinet
el cajón, la gaveta (*Cuba y Puerto Rico*)   drawer
el círculo   circle
la cosa   thing
el chicle, la goma de mascar   chewing gum
el dibujo   drawing
el estambre, la lana de tejer   yarn
el estante   shelf
el fieltro   felt
la goma de pegar   glue
la hora de salida   time to go
la mesa   table
la mitad   half
el modelo, el patrón   pattern, model
la Navidad   Christmas
las tijeras   scissors

VERBOS

continuar   to continue
cortar   to cut
dibujar   to draw
doblar   to fold
empezar (e:ie)   to begin, to start
entender (e:ie)   to understand
hacer²   to do, to make
limpiar   to clean
mascar, masticar   to chew
pegar   to glue
poner³   to put
recoger⁴   to pick up
recortar   to cut, to trim
tomar   to drink
trazar   to draw (i.e., a line), to trace

ADJETIVOS

diferente   various, different
doblado(a)   folded
listo(a)   ready
pequeño(a)   small, little
varios(as)   several, various

OTRAS PALABRAS Y EXPRESIONES

a la derecha   to the right
a la izquierda   to the left
algo   something
alrededor (de)   around
de arriba   top, upper
hasta   until
¿para qué?   what for?, why?
por la mitad   in half
¡qué bonito(a)!   how pretty!
siguiendo   following
sobre   on, on top of
Tengo sed.   I'm thirsty.
Vamos a empezar.   We're going to start.

---

¹The articles *el* and *un* are used with feminine nouns that begin with a stressed *a* or *ha*.
²Irregular first person: *yo hago*
³Irregular first person: *yo pongo*
⁴Orthographic change in the first person: *yo recojo*

Vocabulario adicional

PALABRAS ÚTILES PARA LA CLASE DE ARTE
(*Useful words for art class*)

la acuarela   watercolor
la aguja   needle
calcar   to trace
el cartón   cardboard
la cartulina   construction paper
el compás   compass
coser   to sew
desdoblar   to unfold
el hilo   thread
la línea de puntos   dotted line
el pincel   brush
pintar   to paint
la pintura   paint
el trabajo manual   arts and crafts
unir los puntos   connect the dots

PALABRAS ÚTILES PARA DESCRIBIR "DÓNDE
ESTÁ ALGO" (*Useful words for describing*
"where something is")

arriba   up, upstairs
abajo   down, downstairs
encima de   on top of
debajo de   under
adentro   inside
afuera   outside
delante (de)   in front of
detrás (de)   behind

DÍAS FESTIVOS (*Holidays*)

el Día de Acción de Gracias   Thanksgiving
el Día de los Enamorados   Valentine's Day
el Día de la Independencia   Independence Day
el Día de la Madre   Mother's Day
el Día del Padre   Father's Day
el Día de los Trabajadores   Labor Day
la Pascua Florida   Easter

¿Recuerdan ustedes?

Answer the following questions, basing your answers on the dialogue.

1. ¿Qué van a aprender hoy los alumnos de segundo grado?

   _____

2. Blanca va a necesitar tijeras. ¿Por qué?

   _____

3. ¿Dónde están las tijeras y la goma de pegar?

   _____

4. Y el armario, ¿dónde está?

   _____

5. ¿Dónde está el estambre?

   _____

6. ¿Qué color de papel van a usar los niños para hacer los árboles?

   _____

7. ¿Qué van a hacer los niños primero?

   _____

8. ¿Qué no deben hacer los alumnos en la clase?

   _____

9. Es la hora de salida. ¿Qué deben hacer los niños antes de (*before*) ir a casa?

   _____

Para conversar

With a classmate, take turns asking each other the following questions.

1. ¿Tiene Ud. clases de arte en su escuela? ¿Qué días de la semana?

   _____

2. ¿Qué materiales usan sus alumnos en la clase de arte?

   _____

3. Después de una clase de trabajo manual (*arts and crafts*), ¿quién recoge todas las cosas?

   _____

4. ¿Limpia Ud. las mesas después de la clase de trabajo manual?

   _____

5. Quiero hacer un árbol de Navidad. Después de poner el modelo sobre el papel, ¿qué debo hacer?

   _____

6. ¿Qué cosas tiene Ud. en los gabinetes en su salón de clase?

   _____

7. ¿Cuál es la hora de salida para los alumnos en su escuela? Y para los maestros, ¿es diferente?

   _____

8. ¿Mascan sus alumnos chicle en su clase?

   _____

9. ¿A qué hora empieza su clase de español?

    _____

10. ¿A qué hora va a terminar la clase de español?

    _____

Vamos a practicar

A. **Write complete sentences using the elements given. Follow the model.**

    Modelo: yo / querer / recortar / árbol
                Yo quiero recortar el árbol.

    1. nosotros / no querer (*want*) limpiar / mesas

    _____

    2. yo / preferir (*prefer*) / regresar / cuatro y media

    _____

    3. Roberto / cerrar (*close*) ventanas

    _____

    4. niños / empezar a (*begin*) / cortar / patrón

    _____

    5. clase / comenzar (*begin*) / ocho / la mañana

    _____

    6. ¿tú / entender (*understand*) / lección?

    _____

B. **Complete the following sentences using an expression with *tener*.**

    1. Yo no como mucho porque no _____.

    2. Él toma agua porque _____.

    3. Cerramos la puerta porque _____.

    4. Mis estudiantes de segundo grado _____ ocho años.

    5. Tú abres las ventanas porque _____.

C. Finish the following in a logical manner, using *ir a* + infinitive appropriately.

1. Hoy estudiamos la primera lección y la semana próxima. . . .

   _____

2. Hoy la señorita Vega enseña a hacer un árbol de Navidad y mañana. . . .

   _____

3. Hoy yo uso papel rosado y mañana. . . .

   _____

4. Hoy los niños comen en la cafetería, pero mañana. . . .

   _____

Conversaciones breves

Complete the following dialogues, using your imagination and the vocabulary from this lesson.

La maestra y Javier:

MAESTRA —Javier, vamos a hacer un árbol de Navidad. ¿Tienes goma de pegar?

JAVIER —_____

MAESTRA —Hay goma de pegar en mi escritorio.

JAVIER —_____

MAESTRA —En el cajón de arriba.

JAVIER —_____

MAESTRA —Sí, y también necesitamos papel verde y papeles de colores.

JAVIER —_____

MAESTRA —No, hoy no. Ahora vamos a recoger todas las cosas. Vamos a empezar la clase de lenguaje.

JAVIER —_____

La maestra y Nora:

NORA —_____

MAESTRA —Debes esperar hasta la hora del recreo o del almuerzo (*lunch*).

NORA —_____

MAESTRA —Después del recreo vamos a acabar el árbol.

En estas situaciones

What would you say in the following situations? What might the other person say? (One person may play the role of several students.)

1. You want to teach your students how to make a Christmas tree in art class. Tell them what materials they will need, where they can be found in the classroom, and the steps they must follow to make the tree.

2. It's a hectic day in your classroom. One of your students is chewing gum in class, which is not allowed; another keeps complaining that he/she is thirsty; a third student leaves her supplies on her desk when it is time to go.

Casos

Act out the following scenarios with a partner.

1. A teacher and a student discuss the student's choice of an art project, and how he/she will go about doing it.

2. A teacher and his/her students talk about what they are going to do to tidy up the classroom before they go home.

Un paso más

A. Review the *Vocabulario adicional* in this lesson and answer the following questions in the negative, giving the opposite of what is asked.

1. ¿Estás *detrás de* la casa?

    _____

2. ¿El pincel está *arriba*?

    _____

3. ¿La cartulina está *debajo del* escritorio?

    _____

4. ¿Las acuarelas están *afuera*?

    _____

B. Complete the following sentences with the appropriate word or phrase.

1. Para coser necesito _____ y una _____ .

2. No vamos a usar _____ para hacer el árbol; vamos a usar cartulina.

3. Para pintar necesitamos la _____ y los _____ .

4. Para hacer un círculo necesito un _____ .

5. Debes firmar en la _____ .

6. La _____ es una pintura de agua.

7. No vamos a calcar el árbol. Vamos a _____ .

8. Vamos a _____ el papel y cortar por la línea de puntos.

9. En la clase de _____ los alumnos pequeños aprenden a hacer muchas cosas.

Repaso

LECCIONES 1–5

PRÁCTICA DE VOCABULARIO (*Vocabulary practice*)

A. Circle the word or phrase that does not belong in each group.

1. la agricultura, la pesca, el terremoto

2. terminar, mascar, acabar

3. el tío, la página, el papel

4. palabras, vocabulario, secretaria

5. estante, agua, armario

6. dibujar, trazar, regresar

7. recortar, sumar, multiplicar

8. sobresaliente, doblado, satisfactorio

9. rosado, anaranjado, listo

10. ¿cómo se escribe...?, baño, ortografía

11. milla, monte, montaña

12. población, habitantes, mina

13. mapa, globo terráqueo, tijeras

14. aquí, allí, bueno

15. mitad, algodón, fieltro

16. clase, maestro, minería

17. ir, entender, venir

18. ¿Qué hora es?, la hora de salida, nuevo

19. acabar, terminar, escribir

20. adjetivo, reloj, verbo

B. **Circle the word or phrase that best completes each sentence.**

1. El azúcar es (una lámina, un producto, un número) de Hawaii.

2. ¡Qué contento estoy! Hoy no (escucho, llevo, voy) a la escuela.

3. Ahora necesito (el árbol, la conversación, la lista) de los niños que están presentes.

4. No trabajamos mucho. Tenemos (muy bien, muy poco, muy bonito) trabajo.

5. Su hijo estudia, pero nunca (participa, dobla, pone) en clase.

6. El fieltro está en el cajón de (alrededor, arriba, agua).

7. Es la hora de lectura. Los niños (borran, llaman, leen).

8. Primero buscamos el significado de las palabras en (el material, el diccionario, la cosa).

9. Después deben copiar los números en el cuaderno de (láminas, ayudas, ejercicios).

10. Es la hora del recreo. ¿Quién necesita (nombres propios, ir al baño, más o menos)?

11. El veinticinco de diciembre es (la semana próxima, la tabla de multiplicar, la Navidad).

12. ¿Quiénes deben (firmar, limpiar, aprender) la libreta de calificaciones?

13. Si ya tienen la respuesta correcta, deben (pasar lista, levantar la mano, leer más).

14. No leemos porque no tenemos (secretario, oficina, libro de lectura).

15. Todos ustedes estudian mucho. ¡Qué (bonito, bien, largo)!

16. Debes escribir con más (cuidado, límite, dibujo).

17. Es la hora de salida. Debemos terminar (el repaso, el sustantivo, la atención).

18. ¿Qué color de (papel, lectura, tarea) necesitamos para la clase de trabajo manual?

19. Es una ciudad muy importante. Es la ciudad (segura, principal, diferente).

20. Debes (recoger, tomar, doblar) el papel por la mitad.

21. ¡Un momento! Todavía no está (nuevo, varios, terminado).

22. Ella siempre me llama por (instrucción, verdad, teléfono).

23. ¿Tiene (algún, sobre, cada) problema con Pepito?

24. Tu letra no es muy (así, clara, contenta).

25. Voy a (esperar, trabajar, vivir) a la maestra.

26. ¿Para qué (necesitas, estudias, entiendes) el fieltro?

C. Match the questions in column A with the answers in column B.

	A			*B*
1.	¿Trabaja Ud. mejor con los demás?	_____	a.	Para subrayar los verbos.
2.	¿Qué debo hacer para mejorar?	_____	b.	La lección para hoy.
3.	¿Dónde estudiamos hoy?	_____	c.	Dentro de la gaveta.
4.	¿Cómo se dice *until*?	_____	d.	Sí, un lápiz azul.
5.	¿Por qué vas a tu casa?	_____	e.	El libro que está sobre la mesa.
6.	¿Para qué necesitas el lápiz rojo?	_____	f.	Prestar más atención.
7.	¿Cómo están?	_____	g.	Las láminas.
8.	¿Tienen práctica de incendios?	_____	h.	Está en su oficina.
9.	¿Dónde está el director?	_____	i.	Sí, y Carlos también.
10.	¿Qué debemos repasar?	_____	j.	Hasta.
11.	¿Cómo dibujamos el árbol?	_____	k.	Estamos bien, gracias.
12.	¿Dónde guardan el estambre?	_____	l.	No, trabajo mejor independientemente.
13.	¿Rosa debe continuar con el grupo?	_____	m.	Siguiendo la línea de puntos.
14.	¿Necesitas algo?	_____	n.	Porque debo escribir una composición.
15.	¿Cuál es tu libro?	_____	o.	Sí, a veces.
16.	¿Qué debo traer?	_____	p.	En mi casa.

D. Crucigrama

HORIZONTAL

1. opuesto (*opposite*) de *incorrecto*
3. Para pegar uso _____ de pegar
9. No se escribe con letra mayúscula; se escribe con letra _____ .
10. La ganadería es una _____ de riqueza.
11. Los maestros trabajan en la _____ .
12. *Pequeño* no es un verbo; es un _____ .
14. cajón
16. superficie
18. nombre
20. Para cortar necesito las _____ .
21. El adjetivo es una parte de la _____ .
22. dar color
23. mil × mil = un _____

25. goma de mascar
27. opuesto de *sumar*
28. Hawaii es una _____ .
29. Wáshington D.C. es la _____ de los Estados Unidos.
30. El azul y el _____ forman el color verde.
35. No está a la derecha; está a la _____ .
36. fuego
37. opuesto de *norte*
39. Los niños estudian mucho porque tienen un _____ .
40. El monte Everest es la _____ más alta del mundo.

VERTICAL

1. Asia es un _____ .
2. En la clase de _____ , estudiamos los ríos de Europa.
4. opuesto de *este*
5. Estados Unidos está situado en _____ del Norte.
6. patrón
7. ¿Qué significa la palabra "aprender"? Necesito un _____ .
8. Los estudiantes comen en la _____ .
13. ¿Qué _____ es hoy? ¿El 3 de septiembre?
15. No deben leer en voz alta. Deben leer en _____ .

17. California es un _____ .
19. El Pacífico y el _____ son océanos.
23. Los niños _____ chicle.
24. color café
26. lana de tejer (*knit*)
31. Los Estados Unidos _____ al norte con Canadá.
32. opuesto de *mal*
33. México es un _____ .
34. Hoy es martes; _____ es miércoles.
38. El Misuri es un _____ muy largo.

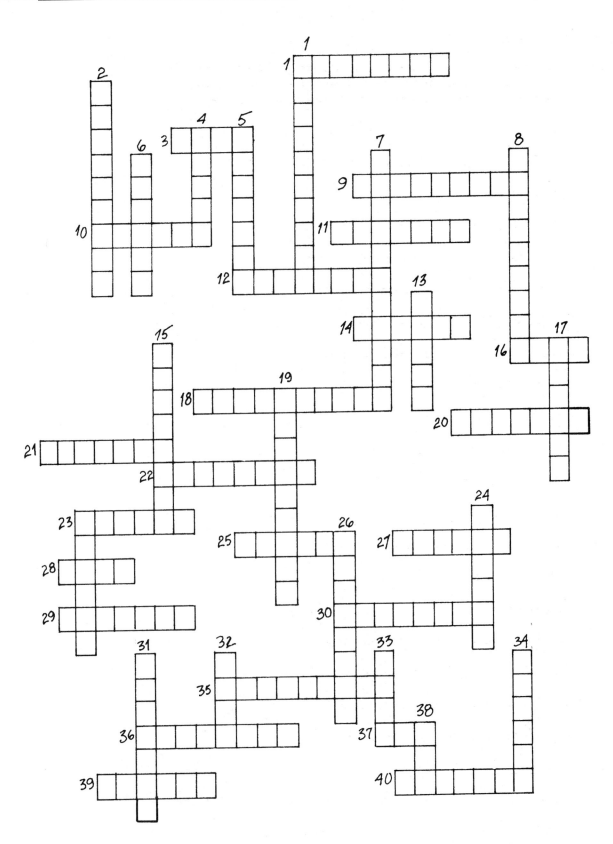

🔲 PRÁCTICA ORAL

Listen to the following exercise on the audio program. The speaker will ask you some questions. Answer each question, using the cue provided. The speaker will verify your response. Repeat the correct answer.

1. ¿Es Ud. de México? (no, de los Estados Unidos)

2. ¿De qué estado es Ud.? (de Colorado)

3. ¿Trabaja Ud. mucho? (sí)

4. ¿Cuántas horas trabaja Ud.? (cinco)

5. ¿Trabajan Ud. y los otros estudiantes en grupos? (no)

6. ¿Trabaja Ud. mejor independientemente? (sí)

7. ¿Qué necesita Ud. ahora? (el libro de español)

8. ¿Siempre trae Ud. el libro de español a la clase? (sí)

9. ¿Subraya Ud. las palabras con un lápiz rojo o amarillo? (rojo)

10. ¿Pinta Ud. con acuarela? (sí)

11. En la clase, ¿escribe Ud. con pluma o con lápiz? (con lápiz)

12. ¿Cómo es su letra? (muy clara)

13. ¿Dónde copia Ud. el vocabulario? (en el cuaderno de ejercicios)

14. ¿Con qué escribe Ud. en la pizarra? (con tiza)

15. ¿Cuántas pizarras tiene Ud. en la clase? (dos)

16. ¿Qué páginas debe leer Ud. hoy? (las páginas doce y trece)

17. ¿Busca Ud. muchas palabras en el diccionario? (sí)

18. ¿Cuándo es el examen de español? (la semana próxima)

19. ¿Tiene Ud. mapas en su clase? (sí, muchos)

20. ¿Dónde tiene Ud. las tijeras? (en el cajón)

21. ¿Dónde guarda Ud. sus papeles? (en el escritorio)

22. ¿Hoy tiene Ud. una práctica de incendios? (no, mañana)

23. ¿Come Ud. en la cafetería de la escuela? (no, en mi casa)

24. ¿Masca Ud. chicle en la clase? (no, nunca)

25. ¿Debe Ud. ir a la oficina de la directora? (sí, ahora mismo)

6

📼 Un repaso de anatomía (I)

La semana próxima los alumnos van a tener varios exámenes. El lunes tienen uno de anatomía y ahora están repasando las lecciones.

MAESTRA	—Hoy vamos a repasar anatomía. ¿Alguien recuerda cómo se llama la armazón que sostiene el cuerpo? ¿Mario?
MARIO	—Se llama esqueleto. El esqueleto está formado por los huesos.
MAESTRA	—¡Muy bien! ¿Qué es una coyuntura?
ESTELA	—Es la unión de dos o más huesos.
MAESTRA	—Muy bien, pero tienes que levantar la mano antes de contestar.
JOSÉ	—¿La rodilla es una articulación?
MAESTRA	—Sí, y también el codo. Bueno, ¿qué mueve los huesos? ¿Rosa?
ROSA	—¿La sangre?
MAESTRA	—No es la sangre, Rosa. La sangre lleva el oxígeno a todo el cuerpo. ¿Anita?
ANITA	—Los músculos mueven los huesos.
MAESTRA	—Muy bien, Anita. ¿Y qué cubre todo nuestro cuerpo? ¿Gonzalo? ¿No recuerdas?
GONZALO	—La ropa.
RAQUEL	—No, no... Es la piel.
MAESTRA	—Muy bien. La piel protege nuestro cuerpo de los microbios.
JUAN	—Señorita, ¿por qué hay distintos colores de piel?
MAESTRA	—Porque el color de la piel depende de la cantidad de pigmento. Si una persona tiene mucho pigmento, la piel es oscura. Si tiene poco, es muy clara. Bien, ¿con qué pensamos?
PACO	—Con el cerebro. El cerebro está dentro de la cabeza, protegido por los huesos del cráneo.
MAESTRA	—Muy bien. Cuando comemos, ¿adónde va la comida?
RITA	—Primero masticamos y tragamos. Después la comida va al estómago y de allí a los intestinos, donde termina la digestión.
PACO	—Cuando yo como mucho, siempre quiero dormir porque tengo sueño.
RITA	—Porque tu cuerpo tiene que trabajar mucho para digerir toda la comida.
MAESTRA	—Están contestando muy bien.

Suena el timbre para la salida.

MAESTRA	—Mañana continuamos con la segunda parte. Gonzalo, ¿vas a repasar la primera parte de la lección conmigo?
GONZALO	—Sí, señorita, pero después tengo que ir a la biblioteca. ¿A qué hora se cierra?
MAESTRA	—Se cierra a las cinco. Bueno, vamos a empezar.

🔲 Vocabulario

COGNADOS

la anatomía   anatomy
la digestión   digestion
el intestino   intestine
el oxígeno   oxygen
la persona   person
el pigmento   pigment

NOMBRES

la armazón   frame
la biblioteca   library
la cabeza   head
la cantidad   quantity
el cerebro   brain
el codo   elbow
la comida   food
la coyuntura, la articulación   joint
el cráneo   skull
el cuerpo   body
el esqueleto   skeleton
el estómago   stomach
el hueso   bone
el microbio   germ
el músculo   muscle
la piel   skin
la rodilla   knee
la ropa   clothes
la salida   dismissal
la sangre   blood
el timbre, la campana   bell
la unión   joining together, union

VERBOS

cerrar (e:ie)   to close
contestar   to answer
cubrir   to cover
depender   to depend
digerir (e:ie)   to digest
dormir (o:ue)   to sleep
mover (o:ue)   to move
pensar (e:ie)   to think
proteger[1]   to protect
recordar (o:ue)   to remember
sonar (o:ue)   to ring
sostener[2]   to support, to hold
tragar   to swallow

ADJETIVOS

distinto(a)   different
oscuro(a)   dark
poco(a)   little
protegido(a)   protected
segundo(a)   second

OTRAS PALABRAS Y EXPRESIONES

adónde   where (to)
alguien   someone, somebody
antes (de)   before
¿Cómo se llama... ?   What is . . . called?
conmigo   with me
cuándo   when
después   afterwards
está formado(a)   is made up; is formed
levantar la mano   to raise one's hand
nada   nothing
para   in order to
por todo   throughout
se cierra (abre)   is closed, closes (is open, opens)
se llama   it is called
tener sueño   to be sleepy
todo(a)   all, everything

---

[1]Orthographic change in the first person: *yo protejo*
[2]Conjugated like *tener*

Vocabulario adicional

PARA HABLAR DEL CUERPO HUMANO (*To talk about the human body*)

la boca mouth	**la nariz** nose
el brazo arm	**el oído** inner ear
la cara face	**el ojo** eye
el cuello neck	**la oreja** ear
el dedo finger	**el pecho** chest
el dedo del pie toe	**el pelo, el cabello** hair
los dientes teeth	**el pie** foot
la espalda back	**la pierna** leg
la lengua tongue	**el tobillo** ankle

¿Recuerdan ustedes?

Answer the following questions, basing your answers on the dialogue.

1. ¿Qué van a tener los niños la semana próxima?

   _____

2. ¿Qué día es el examen de anatomía?

   _____

3. ¿Qué están repasando los niños ahora?

   _____

4. ¿Qué tienen que hacer los niños antes de contestar?

   _____

5. ¿Qué protege el cuerpo?

   _____

6. ¿Qué depende de la cantidad de pigmento?

   _____

7. ¿Quiénes contestan bien?

   _____

8. ¿Quién va a repasar la lección con la maestra?

   _____

9. ¿Adónde tiene que ir Gonzalo?

   _____

10. ¿A qué hora se cierra la biblioteca?

    _____

Para conversar

With a classmate, take turns asking each other the following questions.

1. ¿Cuándo tiene Ud. exámenes?

   _____

2. Antes de los exámenes de español, ¿repasan Uds.? ¿Con quién?

   _____

3. ¿Qué es el esqueleto? ¿Qué hace?

   _____

4. ¿De qué está formado el esqueleto?

   _____

5. ¿Cómo se llama la unión de dos o más huesos?

   _____

6. ¿Qué son el codo y la rodilla?

   _____

7. ¿De qué protege la piel al cuerpo?

   _____

8. ¿Dónde está el cerebro?

   _____

9. ¿Qué protegen los huesos del cráneo?

   _____

10. Cuando comemos, ¿qué hacemos primero, masticamos o tragamos?

    _____

11. ¿Dónde termina la digestión?

    _____

12. ¿Mastica Ud. bien la comida antes de tragar?

    _____

13. ¿Digiere Ud. bien la comida?

    _____

14. Después de comer mucho, ¿Ud. siempre quiere dormir? (¿Por qué?)

    _____

Vamos a practicar

A. **Complete the following sentences with the present indicative of the verbs in parentheses.**

1. Yo no _____ (recordar) cómo se llama él, pero tú sí _____ (recordar) su nombre.

2. Ellos _____ (mover) la cabeza y nosotros _____ (mover) las manos.

3. El timbre _____ (sonar) a las tres.

4. Ella _____ (dormir) nueve horas y nosotros _____ ocho horas.

B. **Rewrite the following sentences, using the present progressive.**

1. Ellos <u>mastican</u> chicle.

   _____

2. Tú <u>estudias</u> en la biblioteca.

   _____

3. Nosotros <u>escribimos</u> con lápiz.

   _____

4. Él <u>come</u> en la cafetería.

   _____

5. Yo <u>leo</u> la lección.

   _____

C. **Change the following sentences from the affirmative to the negative.**

1. Él siempre estudia por la noche.

   _____

2. Tú estudias anatomía y yo también.

   _____

3. Ellos necesitan algo.

   _____

4. El maestro habla con algunos estudiantes.

   _____

5. Tengo que estudiar anatomía o geografía.

   _____

D. Complete the following exchanges with the correct form of the preposition and/or pronoun.

1. —Maestra, tengo algo para _____ . (*you, formal*)

   —¿Para _____ ? (*me*) ¡Gracias! ¿Qué es?

   —Un libro.

2. —Mario, ¿puedes ir _____ a la biblioteca? (*with me*)

   —No, Anita, no puedo ir _____ ahora. (*with you*)

3. —¿Los lápices son para Rosa?

   —No, no son para _____ ; son para _____ . (*her / you, fam.*)

Conversaciones breves

Complete the following dialogues, using your imagination and the vocabulary from this lesson.

En la clase de anatomía.

JULIA —_____

MAESTRA —El examen de anatomía es el jueves.

JULIA —_____

MAESTRA —Sí, hoy vamos a repasar. ¿Tienen algunas preguntas?

TERESA —_____

MAESTRA —Depende de la cantidad de pigmento de la piel.

DARÍO —_____

MAESTRA —No, no termina en el estómago; termina en el intestino.

CARMEN —_____

MAESTRA —Los huesos del cráneo.

ESTER —_____

MAESTRA —Se llama esqueleto.

ÁNGEL —_____

MAESTRA —Sí, el codo es una articulación. Bueno, mañana continuamos con el repaso.

En estas situaciones

What would you say in the following situations? What might the other person say? (One person may play the role of several students.)

1. You tell a colleague that you are reviewing anatomy because your students have a test next week, and describe the specific aspects of the human body on which your review focuses.

2. You ask your students the following questions, reminding them they must raise their hands before answering.
    a. What is a joint? What are two joints found in the body?
    b. What covers the body? From what does it protect the body?
    c. Where does food go when we eat?
    d. Why are there different colors of skin?

3. A student wants to review a lesson with you. You can study with him/her, but you need to go to the library and it closes at five.

Casos

Act out the following scenarios with a partner.

1. A teacher asks a student questions about anatomy.

2. A teacher and a new student discuss the opening and closing times of the library and the cafeteria.

Un paso más

Review the *Vocabulario adicional* in this lesson and name the following parts of the body.

1. _____

2. _____

3. _____

4. _____

5. _____

6. _____

7. _____

8. _____

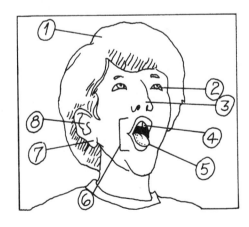

9. _____

10. _____

11. _____

12. _____

13. _____

14. _____

15. _____

16. _____

17. _____

18. _____

19. _____

7

▪ *Un repaso de anatomía (II)*

Hoy la maestra sigue con el repaso de anatomía.

MAESTRA	—Uds. ya están casi listos para el examen. Cecilia, ¿puedes nombrar las partes del aparato respiratorio?
CECILIA	—No sé cuáles son, señorita.
JOSÉ	—Yo lo sé... son la nariz, la tráquea, los bronquios y los pulmones.
MAESTRA	—Muy bien. Como Uds. saben, se necesita oxígeno para vivir. ¿Qué pasa cuando respiramos? ¿Alicia?
ALICIA	—Los pulmones toman el oxígeno para purificar la sangre.
MAESTRA	—¿De qué aparato forma parte la sangre? Paco, ¿tú lo sabes?
PACO	—Sí, la sangre forma parte del aparato circulatorio.
MAESTRA	—Muy bien. También el corazón, las arterias, las venas y los vasos capilares, como pueden ver en esta lámina...
ANITA	—Yo no la veo bien, señorita...
MAESTRA	—Puedes venir aquí, al frente. Carlos, ¿por qué es importante el corazón?
CARLOS	—Porque es el órgano que envía la sangre a todo el cuerpo.
RITA	—Yo conozco a un hombre que padece del corazón y ahora van a operarlo.
GERARDO	—¿Se puede vivir sin el corazón?
MAESTRA	—No. Lo necesitamos para poder vivir... Margarita, ¿qué elementos forman la sangre?
MARGARITA	—Los glóbulos rojos, los glóbulos blancos y las plaquetas.
MAESTRA	—Muy bien, Margarita. ¿Quién puede decir para qué sirven las plaquetas? ¿Gonzalo?
GONZALO	—Para coagular la sangre.
MAESTRA	—Correcto. Bueno, mañana traigo una lámina para estudiar el sistema nervioso. Ahora vamos a almorzar.

▣ Vocabulario

COGNADOS

la arteria   artery
el elemento   element
   importante   important
el órgano   organ
la vena   vein

NOMBRES

el aparato circulatorio   circulatory system
el aparato respiratorio   respiratory system
los bronquios   bronchial tubes
el corazón   heart
los glóbulos blancos (rojos)   white (red) blood cells
el hombre   man
la nariz   nose
la plaqueta   blood platelet
los pulmones   lungs
el sistema nervioso   nervous system
la tráquea   windpipe, trachea
los vasos capilares   capillaries

VERBOS

almorzar (o:ue)   to have lunch
coagular   to coagulate
conocer[1]   to know, to be acquainted with
decir (e:i)[2]   to say, to tell
enviar   to send
nombrar   to name
operar   to operate
padecer[3] **(de)**   to suffer (from, with)
pasar   to happen
poder (o:ue)   to be able to, can
purificar   to purify
respirar   to breathe
seguir (e:i)   to continue
servir (e:i)   to serve
tomar   to take
ver[4]   to see

ADJETIVOS

blanco(a)   white
este(a)   this

OTRAS PALABRAS Y EXPRESIONES

al frente (de)   to the front (of)
como   as
formar parte (de)   to be (a) part (of)
padecer del corazón   to have heart trouble
¿Para qué sirven... ?   What are . . . good for?
sin   without
Vamos a almorzar.   Let's have lunch.

---

[1]Irregular first person: *yo conozco*
[2]Irregular first person: *yo digo*
[3]Irregular first person: *yo padezco*
[4]Irregular first person: *yo veo*

Vocabulario adicional

EL APARATO DIGESTIVO (*The digestive system*)

la boca   mouth
el esófago   esophagus
el estómago   stomach
el intestino delgado   small intestine
el intestino grueso   large intestine

LAS GLÁNDULAS ANEXAS (*The annexed glands*)

las glándulas salivales   salivary glands
el hígado   liver
el páncreas   pancreas

EL SISTEMA NERVIOSO (*The nervous system*)

el cerebelo   cerebellum
el cerebro   brain
la médula espinal   spinal cord
el nervio   nerve

LOS SENTIDOS (*The senses*)

el gusto   taste
el oído   hearing
el olfato   smell
el tacto   touch
la vista   taste

Notas culturales

With respect to interpersonal relations, Hispanic cultures tend to emphasize the importance of judging a person based on core personal qualities rather than economic or social status or visible achievements. Trust is based on familiarity and is built up over time. In a school setting, this cultural value might manifest itself in a greater willingness on the part of students or parents to devote extensive time to discussing personal matters as a means of getting to know someone, rather than "getting down to business" as the first step in solving a problem or accomplishing a task.

¿Recuerdan ustedes?

Answer the following questions, basing your answers on the dialogue.

1. ¿Qué repasan los alumnos hoy?

   _____

2. ¿Sabe Cecilia cuáles son las partes del aparato respiratorio?

   _____

3. ¿Cuáles son las partes del aparato circulatorio?

_____

4. ¿Quién no ve bien la lámina?

_____

5. ¿Cómo va la sangre a todo el cuerpo?

_____

6. ¿A quién van a operar del corazón? ¿Por qué?

_____

7. ¿Qué elementos forman la sangre?

_____

8. ¿Para qué sirven las plaquetas?

_____

9. ¿Qué va a traer la maestra mañana? ¿Para qué?

_____

10. ¿Qué van a hacer los alumnos ahora?

_____

Para conversar

With a classmate, take turns asking each other the following questions.

1. ¿Repasa Ud. con sus alumnos antes de un examen?

_____

2. ¿Sabe Ud. cuáles son las partes del aparato respiratorio?

_____

3. ¿Podemos vivir sin oxígeno? ¿Por qué (no)?

_____

4. ¿Por qué es importante dar sangre?

_____

5. ¿Qué láminas de anatomía tiene Ud. para su clase?

_____

6. ¿Ve Ud. bien?

_____

7. ¿A qué hora almuerza Ud.?

_____

8. ¿Está Ud. listo(a) para el próximo examen de español?

_____

Vamos a practicar

A. **Rewrite the following sentences, using the element in parentheses to replace the underlined word. Make all necessary changes.**

1. Yo <u>visito</u> a Carmen. (conocer)

_____

2. ¿Para qué sirven <u>las plaquetas</u>? (el corazón)

_____

3. Yo no <u>*necesito*</u> nada. (saber)

_____

4. <u>Uds.</u> siguen estudiando. (nosotros)

_____

5. <u>Ella</u> dice que va a almorzar ahora. (Yo)

_____

6. Yo no <u>llamo</u> a Rosa. (ver)

_____

7. <u>Ellos</u> traen las láminas. (yo)

B. **Answer each question in the affirmative, using the corresponding direct object pronoun.**

1. ¿El profesor <u>los</u> llama <u>a Uds.</u>?

_____

2. ¿Uds. <u>me</u> necesitan ahora? (*Use the* tú *form.*)

_____

3. ¿Tú conoces <u>a Carlos</u>?

_____

4. ¿Ellos saben <u>la lección</u>?

_____

5. ¿Nombro yo <u>las partes del aparato circulatorio</u>?

   _____

6. ¿El doctor <u>lo</u> va a operar <u>a Ud.</u> mañana?

   _____

C. Complete the minidialogues with the correct form of *saber* or *conocer*.

1. —¿_____ Ud. al maestro nuevo?

   —No, no lo _____ .

2. —¿Quién _____ la respuesta?

   —¡Maestra, yo la _____!

3. —¿_____ los estudiantes las partes del aparato respiratorio de memoria? (*from memory*)

   —Sí, ellos las _____ .

4. —¿Tú _____ México?

   —No, pero _____ Guatemala y Costa Rica.

5. —¿_____ tú las novelas de García Márquez?

   —No, no las _____ .

6. —¿_____ ellos dibujar?

   —Sí, ellos _____ dibujar muy bien.

Conversaciones breves

Complete the following dialogues, using your imagination and the vocabulary from this lesson.

La señorita Vázquez continúa con el repaso de anatomía.

MAESTRA —Elsa, ¿puedes nombrar las partes del aparato circulatorio?

ELSA —_____

MAESTRA —Muy bien. ¿Quién sabe cuáles son los elementos que forman la sangre?

RAÚL —_____

MAESTRA —¿Cuál es el órgano que envía la sangre a todo el cuerpo?

RAMIRO —_____

MAESTRA —¿Cuáles son las partes del aparato respiratorio?

AURORA — _____

MAESTRA —No, el corazón no es parte del aparato respiratorio.

CARMELA — _____

MAESTRA —Los pulmones toman el oxígeno para purificar la sangre.

RAFAEL — _____

MAESTRA —No, no podemos vivir sin él; es una parte importante del aparato circulatorio. Bueno, creo que están listos para el examen.

En estas situaciones

What would you say in the following situations? What might the other person say? (One person may play the role of several students.)

1. You are summarizing a lesson on anatomy. You remind your students that:
   a. The nose, the trachea, the bronchial tubes and the lungs are part of the respiratory system.
   b. When we breathe, the lungs take oxygen to purify the blood.
   c. The blood, the heart, the arteries, the veins and the capillaries are part of the circulatory system.
   d. The elements that form the blood are: the red blood cells, the white blood cells and the blood platelets, which serve to coagulate the blood.

2. Tell the children they need to review the lesson if they want to be ready for the test. Answer their questions about what specific areas they need to review.

Casos

Act out the following scenarios with a partner.

1. Two students quiz each other before an anatomy exam.

2. One student instructs another on how to diagram the respiratory and circulatory systems.

Un paso más

Review the *Vocabulario adicional* in this lesson and complete the following sentences.

1. La comida va de la boca al _____ y después al _____ .

2. Los cinco sentidos son la _____ , el _____ ,

   el _____ , el _____ y el _____ .

3. El estómago y el intestino son partes del _____ .

4. El intestino delgado es más largo que el intestino _____ .

5. El cerebro, el _____ , la médula _____ y los nervios, forman parte

   del sistema _____ .

6. Las glándulas _____ , el páncreas y el _____ son glándulas

   _____ al aparato digestivo.

8

📼 *Una clase de ciencias*

Hoy la maestra está explicándoles a los estudiantes las diferentes clases de animales que existen en el mundo.

MAESTRA	—El reino animal se divide en dos grupos: los vertebrados y los invertebrados.
ÁNGEL	—¿Los peces son invertebrados, señorita?
MAESTRA	—No. Los invertebrados no tienen columna vertebral. Los insectos son invertebrados.
INÉS	—Los mamíferos son vertebrados, ¿verdad, señorita?
MAESTRA	—¡Muy bien, Inés! Las aves, los reptiles, los anfibios y los peces también pertenecen a ese grupo.
MARÍA	—¿Qué es un anfibio?
MAESTRA	—Un animal que en la primera parte de su vida vive en el agua y respira como los peces, y después vive en la tierra y respira como los mamíferos.
DIEGO	—¡Como los renacuajos, que después son ranas! Yo tengo dos... Le voy a preguntar a mi mamá si puedo traerlas a la clase.
MAESTRA	—Puedes traerlas mañana, si quieres. ¿Y los reptiles? ¿Cuáles son?
ANITA	—Las serpientes, las lagartijas, los cocodrilos y las tortugas.
CARMEN	—Las aves también son reptiles.
LUIS	—¡Eso no es verdad! Las aves pueden volar.
MAESTRA	—Muy bien, Luis. ¿Cuáles son las características de las aves?
OLGA	—¡Yo puedo decírselas! Tienen plumas y la boca en forma de pico.
MAESTRA	—¡Eso es! En esta lámina vemos fotografías de diferentes clases de aves.
ANTONIO	—¡Yo sé otra cosa! Las aves nacen de huevos.
MAESTRA	—Sí, y los mamíferos nacen vivos. ¿Qué otras características tienen los mamíferos?
ÓSCAR	—Tienen sangre caliente y el cuerpo cubierto de pelo.
MAESTRA	—¿Y los peces?
TERESA	—Tienen sangre fría, el cuerpo cubierto de escamas y respiran por branquias.
MAESTRA	—¡Muy bien! Ahora debemos ir a la biblioteca de la escuela. Allí hay varios libros sobre animales. Se los pueden pedir a la señorita Roca.

🔲 Vocabulario

COGNADOS

el anfibio amphibian	**la fotografía** photograph
el animal animal	**el insecto** insect
la característica characteristic	**el invertebrado** invertebrate
la ciencia science	**el reptil** reptile
el cocodrilo crocodile	**el vertebrado** vertebrate

NOMBRES

el ave (*f.*)   bird, fowl
la boca   mouth
las branquias   gills, branchiae
la clase   kind, type
la columna vertebral   spine
la escama   scale
el huevo   egg
la lagartija   lizard
la mamá, la madre   mom, mother
el mamífero   mammal
el pelo   hair
el pez[1]   fish
el pico   beak
la pluma   feather
la rana   frog
el reino   kingdom
el renacuajo   tadpole
la serpiente   snake, serpent
la tierra   soil, earth, land
la tortuga   turtle
la vida   life

VERBOS

existir   to exist
explicar   to explain
nacer   to be born
pedir (e:i)   to ask (for), to request
pertenecer[2]   to belong
preguntar   to ask (a question)
querer (e:ie)   to want, to wish
volar (o:ue)   to fly

ADJETIVOS

caliente   hot (temperature)
cubierto(a) (de)   covered (with)
ese(a)   that
frío(a)   cold
vivo(a)   alive

OTRAS PALABRAS Y EXPRESIONES

en forma de   in the shape of
eso (*neuter pronoun*)   that
otra cosa   something else

---

[1]Refers to a fish still in the water. Once caught, the word for fish is *pescado*.
[2]Irregular first person: *yo pertenezco*

Vocabulario adicional

ANIMALES DE LA FINCA (*Farm animals*)

el caballo   horse
la cabra, el (la) chivo(a)   goat
la gallina   hen
el gallo   rooster
la oveja   sheep
el pato   duck
el pavo, el guajalote (*Méx.*),
 el guanajo (*Cuba*)   turkey
la vaca   cow

ANIMALES DOMÉSTICOS (*Pets*)

el conejo   rabbit
el gato   cat
el pájaro   bird
el perro   dog

ANIMALES SALVAJES (*Wild animals*)

el camello   camel
le cebra   zebra
el elefante   elephant
el hipopótamo   hippopotamus
la jirafa   giraffe
el león   lion
el mono, el chango (*Méx.*)   monkey
el tigre   tiger

INSECTOS (*Insects*)

la abeja   bee
la araña   spider
la avispa   wasp
la hormiga   ant
la mariposa   butterfly
la mosca   fly
el mosquito, el zancudo (*Méx.*)   mosquito

OTROS ANIMALES INVERTEBRADOS (*Other invertebrates*)

el cangrejo   crab
el caracol   snail
la langosta   lobster

¿Recuerdan ustedes?

Answer the following questions, basing your answers on the dialogue.

1. ¿Qué les está explicando la maestra a los niños?

   _____

2. ¿Qué pregunta Inés?

   _____

3. ¿Qué tiene Diego?

   _____

4. ¿Qué le va a preguntar Diego a su mamá?

   _____

5. ¿Por qué dice Luis que las aves no son reptiles?

   _____

6. ¿Qué puede decir Olga?

   _____

7. ¿Qué pueden ver los niños en la lámina que tiene la maestra?

_____

8. ¿Qué dice la maestra que hay en la biblioteca? ¿A quién se los pueden pedir?

_____

Para conversar

With a classmate, take turns asking each other the following questions.

1. ¿Sabe Ud. mucho de los animales?

_____

2. ¿Cuál es su animal favorito?

_____

3. ¿Es un animal vertebrado o invertebrado?

_____

4. ¿Es el animal un reptil, un anfibio, un pez o un mamífero?

_____

5. ¿Cómo lo sabe Ud?

_____

6. ¿Tiene Ud. un animal doméstico (*pet*)? (¿Cuál es?)

_____

7. ¿Tiene Ud. peces de colores en su casa?

_____

8. Si yo necesito un libro sobre los animales, ¿a quién se lo puedo pedir?

_____

9. Si yo necesito láminas de animales, ¿puede Ud. dármelas?

_____

10. En la biblioteca de la escuela, ¿hay muchos libros con fotografías de animales?

_____

Vamos a practicar

A. **Complete the following sentences with the Spanish equivalent of the words in parentheses.**

1. Yo _____ la lección. (*explain to them*)

2. La señorita Paz _____ las láminas. (*is bringing to us*)

3. _____ animales son mamíferos. (*Those*)

4. Ángel dice que los peces son invertebrados. _____ no es verdad. (*That*)

5. Los niños _____ un libro sobre las aves. (*ask her for*)

6. ¿Tú _____ las fotos? (*are going to bring to me*)

7. _____ animales son vertebrados y _____ son invertebrados.
   (*These / those*)

8. Nosotros _____ dónde están los libros. (*ask them*)

B. **Answer the following questions using the corresponding direct and indirect object pronouns.**

1. ¿Raúl les de las fotografías a ellos?

   _____

2. ¿Tú nos traes los libros mañana?

   _____

3. ¿Él te da las láminas de las aves?

   _____

4. ¿Puede traerme la fotografía? (*Use the tú form.*)

   _____

5. ¿Les piden a Uds. los cuadernos?

   _____

Conversaciones breves

Complete the following dialogues, using your imagination and the vocabulary from this lesson.

La señorita Rivera les hace preguntas a los alumnos sobre los animales.

MAESTRA —_____

ROSITA —Tienen sangre caliente y el cuerpo cubierto de pelo.

MAESTRA —_____

AURORA	—No, señorita, no nacen de huevos. Nacen vivos.
MAESTRA	— _____
PEDRO	—Son los animales que tienen columna vertebral.
MAESTRA	— _____
GUADALUPE	—Tienen el cuerpo cubierto de plumas y la boca en forma de pico.
MAESTRA	— _____
RAÚL	—No, señorita, no es un pez. Es un anfibio.
MAESTRA	— _____
CARLOS	—No, tienen sangre fría, como los peces.

En estas situaciones

What would you say in the following situations? What might the other person say? (One person may play the role of several students.)

1. Tell your students that you are going to discuss the different kinds of animals that exist in the world. Then ask them about the characteristics of mammals, fish, birds, and amphibians.

2. Ask your students where there are more books about animals. Then tell them when you will go there and explain that they can ask (name of librarian) for books.

Casos

Act out the following scenarios with a partner.

1. A teacher and a student discuss different kinds of animals.

2. Two students quiz each other by describing characteristics of each group of animals for the other to identify.

Un paso más

Review the *Vocabulario adicional* in this lesson, and write the names of the following animals in the spaces provided.

1. _____
2. _____
3. _____
4. _____
5. _____
6. _____

7. _____
8. _____
9. _____
10. _____
11. _____
12. _____

13. _____   17. _____

14. _____   18. _____

15. _____   19. _____

16. _____   20. _____

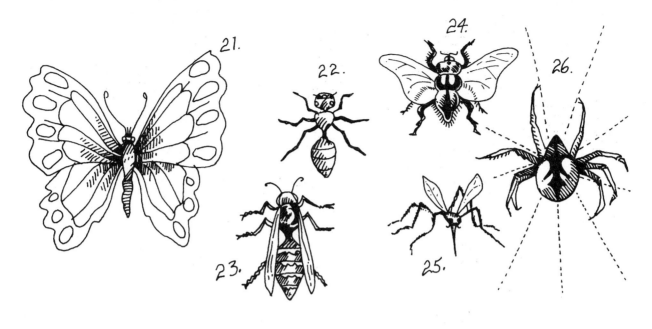

21. _____
22. _____
23. _____

24. _____
25. _____
26. _____

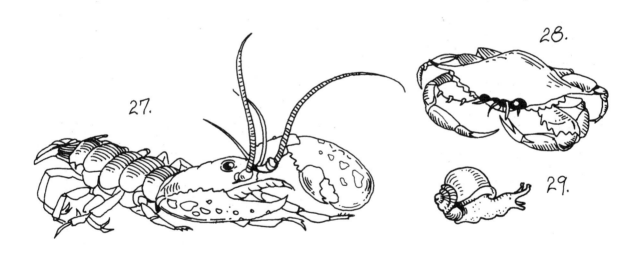

27. _____
28. _____
29. _____

9

📼 *Una conferencia*

La señora Gómez habla con el maestro de su hijo.

MAESTRO	—Siéntese aquí, por favor, señora Gómez. Quiero hablar con Ud. porque Antonio tiene algunos problemas.
SRA. GÓMEZ	—Sí, sé que está atrasado en lectura.
MAESTRO	—Ahora está mejorando un poco, pero todavía no lee al nivel del grado.
SRA. GÓMEZ	—Presta atención en la clase, ¿no?
MAESTRO	—A veces, pero muchas veces llega tarde y se porta mal en clase.
SRA. GÓMEZ	—Yo no sé lo que le pasa...
MAESTRO	—Yo tampoco. Se pelea con los otros niños y les pega...
SRA. GÓMEZ	—Castíguelo... Déjelo en la escuela después de clase.
MAESTRO	—Ésa no es la solución. Trate de ayudarlo con la tarea y venga a observarlo en clase de vez en cuando.
SRA. GÓMEZ	—Yo no puedo porque trabajo, pero voy a decírselo a mi esposo, que no trabaja los lunes.
MAESTRO	—Bueno... ¿El niño come bien? ¿Duerme bien? ¿Hay problemas en la casa?
SRA. GÓMEZ	—A veces no come nada por la mañana.
MAESTRO	—Dele un buen desayuno. Eso es muy importante.
SRA. GÓMEZ	—Muy bien. Mire, señor Soto... yo creo que Antonio es inteligente...
MAESTRO	—Sí, tiene habilidad, pero como no se esfuerza, está en el grupo de lectura más bajo.
SRA. GÓMEZ	—Yo creo que también tiene problemas con la vista. Quizás necesita anteojos... Yo necesito cambiar los míos, así que puedo pedir turno para él también.
MAESTRO	—Buena idea. Si estas medidas no son suficientes, podemos hablar de la posibilidad de hacerle una evaluación para determinar si sus dificultades se deben a un problema de aprendizaje, como dislexia.
SRA. GÓMEZ	—¿Quién hace estas evaluaciones?
MAESTRO	—La psicóloga de la escuela, y son gratis.
SRA. GÓMEZ	—Gracias, señor Soto.
MAESTRO	—De nada, señora Gómez. Gracias por venir.[1] ¡Ah! Ésta es la libreta de calificaciones de Antonio. Fírmela antes de[1] irse, por favor.

---

[1]In Spanish, the infinitive is used after a preposition.

📼 Vocabulario

la dificultad difficulty
la dislexia dyslexia
la evaluación evaluation
la habilidad ability

la medida measure
el (la) psicólogo(a) psychologist
la solución solution
suficiente sufficient

NOMBRES

los anteojos, los lentes, los espejuelos (*Cuba, Puerto Rico*), las gafas (*Spain*) eyeglasses
el desayuno breakfast
el (la) esposo(a) spouse, husband (wife)
el (la) hijo(a) child, son (daughter)
el nivel level
el (la) oculista eye doctor
el problema de aprendizaje learning disability
la vista sight, eyesight

VERBOS

ayudar to help
cambiar to change
castigar to punish
creer to think, to believe
dejar to leave (behind)
esforzarse (o:ue) to try, to make an effort
irse to leave, to go away
mejorar(se) to get better, to improve (oneself)
mirar to look (at)
observar to observe
pegar to hit
pelearse to fight
portarse to behave
sentarse (e:ie) to sit down
tratar (de) to try (to)

ADJETIVOS

atrasado(a) behind
bajo(a) low
gratis free (of charge)

OTRAS PALABRAS Y EXPRESIONES

al nivel del grado at grade level
así que so
como since
de vez en cuando once in a while
lo que what
llegar tarde to be late
muchas veces many times
otro(a) other, another
pedir turno, hacer una cita to make an appointment
que who
quizá(s) maybe, perhaps
se debe(n) a... it (they) are due to . . .
tampoco neither
un poco a little

Vocabulario adicional

PARA HABLAR CON LOS PADRES (*To talk with parents*)

Su hijo(a)...

está adelantado(a). is ahead of the class.
está progresando. is progressing.
interrumpe la clase. disturbs the class.
no devuelve los libros. doesn't return books.
no se siente bien. isn't feeling well.
tiene fiebre, tiene calentura. has a fever.
vomitó. threw up.

es urgente it is urgent
No se preocupe. Don't worry.
¿Puede venir a buscar (recoger) a su hijo(a)?
  Can you come to pick up your son (daughter)?
Sea consistente. Be consistent.

¿Recuerdan ustedes?

Answer the following questions, basing your answers on the dialogue.

1. ¿Por qué quiere hablar el maestro con la señora Gómez?

   _____

2. ¿Cuál es uno de los problemas que tiene Antonio?

   _____

3. ¿Cómo lee Antonio? ¿Cómo lo sabe Ud?

   _____

4. ¿Presta atención Antonio?

   _____

5. ¿Cómo se porta Antonio en clase?

   _____

6. ¿Sabe la señora Gómez lo que le pasa a Antonio?

   _____

7. ¿Qué cree el maestro que debe hacer la señora Gómez?

   _____

8. ¿Por qué está Antonio en el grupo de lectura más bajo?

   _____

9. ¿Adónde debe llevar la señora Gómez a su hijo y por qué?

   _____

10. ¿Qué pueden hacerle a Antonio?

    _____

11. ¿Qué pueden determinar esas evaluaciones?

    _____

12. ¿Quién las hace?

    _____

Para conversar

With a classmate, take turns asking each other the following questions.

1. ¿Presta Ud. atención en la clase de español?

   _____

2. ¿Llega Ud. tarde a clase a veces?

   _____

3. ¿Habla Ud. español de vez en cuando?

   _____

4. ¿Alguien lo (la) ayuda a Ud. con la tarea?

   _____

5. ¿Qué hace Ud. para mejorar en la clase de español?

   _____

6. Yo tengo mi libro de español. ¿Dónde está el suyo?

   _____

7. ¿Observa Ud. a veces las clases de otros maestros?

   _____

8. ¿Castiga Ud. a sus estudiantes? (¿Cómo?)

   _____

9. ¿Tiene Ud. problemas con la vista?

   _____

10. ¿Necesita Ud. anteojos para leer?

   _____

Vamos a practicar

A. Ask a parent to do (or not to do) the following things.

1. Ayudar a su hijo con la tarea y no castigarlo

   _____

2. Observar la clase

   _____

3. Darle un buen desayuno al niño

   _____

4. Firmar la libreta de calificaciones

   _____

5. No sentarse allí

   _____

6. Ir a hablar con el director y decirle que su hijo tiene problemas, pero no ir hoy

   _____

B. Tell your students (as a group) to do (or not to do) the following things.

1. No dejar los libros en casa. Traerlos todos los días

   _____

2. No pelearse con los otros niños y no pegarles

   _____

3. Portarse bien y prestar atención

   _____

4. No llegar tarde a clase

   _____

5. Hacer la tarea

   _____

6. No portarse mal en clase

   _____

C. Complete the following sentences with the Spanish equivalent of the words in parentheses.

1. Su hijo _____ en la clase. (*behaves badly*)

2. Ellos _____ en la escuela. (*fight*)

3. Yo _____ ahora. (*go away*)

4. Nosotros _____ aquí. (*sit down*)

5. Mi libro está aquí. ¿Dónde está _____ , Rosita? (*yours*)

6. Ellos tienen sus anteojos pero yo no tengo _____ . (*mine*)

7. Yo traigo mis lápices. ¿Trae Mario _____ ? (*his*)

8. La libreta de calificaciones es _____ , pero el libro verde es _____ .
   (*hers/his*)

Conversaciones breves

Complete the following dialogue, using your imagination and the vocabulary from this lesson.

La señora Vargas viene a hablar con la maestra de su hija.

MAESTRA —Señora Vargas, tengo muchos problemas en clase con Luisa.

SRA. VARGAS —¿_____?

MAESTRA —Sí, se porta muy mal. Y no hace la tarea.

SRA. VARGAS —_____

MAESTRA —Eso no es verdad. Ella tiene tarea todos los días.

SRA. VARGAS —_____

MAESTRA —Castigarla no es la solución. Ud. debe ayudarla.

SRA. VARGAS —_____

MAESTRA —Sí, yo también creo que los tiene. Quizás necesita lentes.

SRA. VARGAS —_____

MAESTRA —Llévela, por favor.

SRA. VARGAS —_____

MAESTRA —Sí, señora, pero no se esfuerza en clase.

SRA. VARGAS —_____

MAESTRA —Sí, por favor, ayúdela con la tarea y dígale que debe estudiar más.

SRA. VARGAS —_____

MAESTRA —Sí, aquí está. Fírmela antes de irse, por favor.

En estas situaciones

What would you say in the following situations? What might the other person say? (One person may play the role of several students.)

1. At a parent-teacher conference, you tell a parent to take his/her son to the eye doctor because you think the child has a vision problem and may need eyeglasses.

2. A child in your class is misbehaving in class; he fights with other children and hits them. He is also behind in reading. You call the child's parent to describe the child's problems in the classroom and to discuss the possibility of having the child evaluated by the school psychologist for learning disabilities or other problems.

3. A mother/father thinks he/she should punish his/her daughter for not studying. You don't think that is the solution; it would be better if the girl's parents helped her with her homework.

Casos

Act out the following scenarios with a partner.

1. A parent and a teacher discuss a child's progress and discipline problems, and how the child's performance and behavior might be improved.

2. A student discusses his/her vision problems with his/her teacher. The teacher responds with an appropriate course of action for the student and his/her parents.

Un paso más

Review the *Vocabulario adicional* in this lesson and decide how to convey the following information to the parents of your students.

1. Your daughter's library books are always overdue.

   _____

2. You son is making good progress.

   _____

3. Your daughter disturbs the class.

   _____

4. Your daughter has done more work than the other students in the class.

   _____

5. Your son isn't feeling well.

   _____

6. Your son is sick.

   _____

7. Your daughter threw up.

   _____

8. It is urgent.

   _____

9. Can you come to pick up your daughter?

   _____

10. There's nothing to worry about.

    _____

11. You need to be consistent with your son.

    _____

10

📼 *Una excursión al jardín botánico*

El señor Ochoa y la señora Pérez, maestros de una escuela primaria, llevan a sus alumnos de segundo y tercer grado al jardín botánico para enseñarles algo acerca de las plantas.

SR. OCHOA	—Por favor, bájense del autobús y pónganse en fila. No se separen de nosotros.
SRA. PÉREZ	—Caminen de dos en dos y tómense de la mano.
SR. OCHOA	—Aquí vamos a ver plantas de distintos países y climas.
PACO	—(*Lee un letrero.*) Aquí hay un árbol de Cuba. ¡Qué alto es!
SRA. PÉREZ	—Los árboles son las plantas más grandes. ¿Quién recuerda cuáles son las partes de una planta?
AURORA	—La raíz, el tallo y las hojas.
CARLOS	—¡Y las flores y los frutos! Yo tengo un naranjo en mi patio. Me lo dio mi tío.
SRA. PÉREZ	—¡Muy bien, Aurora y Carlos! ¿Dónde está Raquel?
EVA	—Fue al baño. Allí viene ya.
SR. OCHOA	—¿Por qué son importantes los árboles?
RAMÓN	—Porque nos dan madera para hacer muebles y papel.
SRA. PÉREZ	—Muy bien. ¡Y también producen oxígeno! ¿Cómo se alimentan las plantas? ¿Alguien lo sabe?
RAÚL	—¿Con agua?
SRA. PÉREZ	—El agua ayuda, pero la planta toma parte de sus alimentos de la tierra...
ELENA	—¿Y eso sube por el tronco?
SRA. PÉREZ	—Sí, y las hojas usan la luz del sol para transformarlo en alimento para la planta.
JOSÉ	—Yo quiero ir a ver los cactos. El año pasado fuimos a Arizona y vi muchos allí.
SR. OCHOA	—Eso es porque los cactos son plantas del desierto.
TERESA	—Yo encontré una semilla y alguien me la quitó. ¿Quién fue?
SARA	—¡Fue Jorge!
SRA. PÉREZ	—Nadie puede llevarse nada del jardín botánico.

Los niños pasaron toda la mañana en el jardín botánico y aprendieron mucho. Ahora tienen que volver a la escuela.

SRA. PÉREZ	—Apúrense porque hace viento y está empezando a llover.
SR. OCHOA	—Vamos por aquí. Suban al autobús y siéntense.

▣ Vocabulario

COGNADOS

el cacto   cactus
el desierto   desert
la planta   plant

NOMBRES

el alimento   nourishment, food, nutrient
el año   year
el autobús, el ómnibus, la guagua (*Cuba, Puerto Rico*), el camión (*Méx.*)   bus
la escuela primaria, la escuela elemental   grade school
la excursión   field trip
la fila   line
la flor   flower
el fruto   fruit
la hoja   leaf
el jardín   garden
la luz del sol   sunlight
la madera   wood
los muebles   furniture
el naranjo   orange tree
el patio   back yard
la raíz   root
la semilla   seed
el sol   sun
el tallo   stem
el tronco   (tree) trunk

VERBOS

alimentar(se)   to feed, to nourish, to take nourishment
apurarse, darse prisa   to hurry up
bajar(se)   to get off
caminar   to walk
encontrar (o:ue)   to find
enseñar   to teach
llevarse   to take away, to carry out
llover (o:ue)   to rain
pasar   to spend (time)
quitar(se)   to take away, to remove
separar(se)   to separate, to get separated
subir(se)   to get on, to rise
transformar   to turn into, to transform
volver (o:ue)   to return

OTRAS PALABRAS Y EXPRESIONES

acerca de   about
allí viene ya   she's/he's coming now
de dos en dos   two by two, in twos, in pairs
ponerse en fila   to stand in line, to get in line
por aquí   this way
tómense de la mano   hold hands

Vocabulario adicional

ALGUNAS FLORES (*Some flowers*)

la camelia camelia
el clavel carnation
la margarita daisy
la orquídea orchid
el pensamiento pansy
la rosa rose
la violeta violet

ALGUNAS FRUTAS (*Some fruit*)

la cereza cherry
la fresa strawberry
el limón lemon
la manzana apple
la naranja, la china (*Puerto Rico*) orange
la pera pear
el plátano, la banana, el guineo (*Puerto Rico*) banana
la toronja grapefruit
la uva grape

ALGUNOS VEGETALES (*Some vegetables*)

el ají, el chile verde (*Méx.*) bell pepper
el ajo garlic
el apio celery
la cebolla onion
la lechuga lettuce
la papa, patata potato
la zanahoria carrot

Notas culturales

- In most Spanish-speaking countries the numeral indicating the day is written before the month. For example, 3 / 10 / 96 refers to *el 3 de octubre de 1996, not* March 10, 1996. To avoid misunderstandings, dates are best spelled out rather than indicated numerically in notices sent home to inform parents of important upcoming events.
- In Hispanic countries, people generally have two surnames: the father's surname and the mother's maiden name. For example, the children of María *Rivas* and Juan *Pérez* have the surnames *Pérez Rivas*. In this country, this custom may cause some confusion when completing forms, making appointments, or filing school records. The proper order for alphabetizing Hispanic names is to list people according to the father's surname.

Peña Aguilar, Rosa
Peña Aguilar, Sara Luisa
Peña Gómez, Raúl
Quesada Álvarez, Javier
Quesada Benítez, Ana María

¿Recuerdan ustedes?

Answer the following questions, basing your answers on the dialogue.

1. ¿Adónde va el grupo de estudiantes?

   _____

2. ¿Para qué los llevan allí?

   _____

3. ¿Cómo deben caminar los niños?

   _____

4. ¿Quiénes saben las partes de una planta?

   _____

5. ¿Qué tipo de árbol tiene Carlos? ¿Quién se lo dio?

   _____

6. ¿Para qué sirven los árboles?

   _____

7. ¿Adónde fue José el año pasado y qué plantas vio?

   _____

8. ¿Quién encontró una semilla? ¿Quién se la quitó?

   _____

9. ¿Qué pueden llevarse los niños del jardín botánico?

   _____

10. ¿Por qué deben apurarse los niños?

    _____

Para conversar

With a classmate, take turns asking each other the following questions.

1. ¿Llevó Ud. a sus alumnos al jardín botánico alguna vez (*ever*)?

   _____

2. ¿Sus alumnos se ponen en fila antes de entrar en la clase?

   _____

3. ¿Qué se hace con la madera?

   _____

4. ¿Tiene Ud. árboles en su patio? ¿Cómo son?

    _____

5. ¿Tiene Ud. muchas flores en su jardín?

    _____

6. ¿Fue Ud. al desierto alguna vez?

    _____

7. ¿Qué grado enseñó Ud. el año pasado?

    _____

8. ¿Qué saben sus alumnos acerca de las plantas?

    _____

9. ¿Llueve mucho donde Ud. vive?

    _____

Vamos a practicar

A. Rewrite the following sentences in the preterit tense.

1. Los niños van de excursión.

    _____

2. Llevan a Marta al jardín botánico.

    _____

3. Allí ve muchas plantas.

    _____

4. Le damos plantas para el patio.

    _____

5. No te separas de nosotros.

    _____

6. Aprende mucho acerca de las plantas.

    _____

7. Tú me escribes.

    _____

8. Ellos son mis alumnos.

    _____

B. Complete the following sentences with *por* or *para*, as appropriate.

1. Los llevan al jardín botánico _____ ver las plantas.

2. Necesitamos las semillas _____ mañana _____ la tarde.

3. Tiene que estar aquí _____ cuatro horas.

4. Las plantas son _____ el director.

5. ¿Cuánto pagó (*paid*) Ud. _____ las semillas?

Conversaciones breves

Complete the following dialogues, using your imagination and the vocabulary from this lesson.

La señorita Soto y sus alumnos están en el jardín botánico.

MAESTRA   —_____

JORGE   —La raíz, el tallo, las hojas, las flores y los frutos.

MAESTRA   —_____

MARÍA   —Porque nos dan oxígeno y también madera.

MAESTRA   —_____

CARLOS   —Toma parte de sus alimentos de la tierra.

MAESTRA   —_____

JORGE   —Hay muchos cactos en el desierto.

MAESTRA   —_____

EVA   —Ahora queremos ir a ver las flores.

SUSANA   —¡Señorita Soto! ¡Está empezando a llover!

MAESTRA   —_____

En estas situaciones

What would you say in the following situations? What might the other person say? (One person may play the role of several students.)

1. You are explaining how a tree gets its nourishment. Tell your students that a tree takes part of its food from the soil, and that goes up the trunk. Add that the leaves use the sunlight to turn it into food.

2. Your students are on a field trip. Tell them to get off the bus, walk in pairs and hold hands.

3. Comment that it is beginning to rain. Tell your students to hurry up and get on the bus.

4. Another teacher asks you where Antonio is. Tell her that he went to the bathroom and that he's coming now.

Casos

Act out the following scenarios with a partner.

1. A teacher and a student talk about plants.

2. Two teachers give instructions to students during a field trip.

3. Two adults discuss the flora in their backyards.

Un paso más

Review the *Vocabulario adicional* in this lesson and write the names of the flowers, vegetables or fruit in the spaces provided.

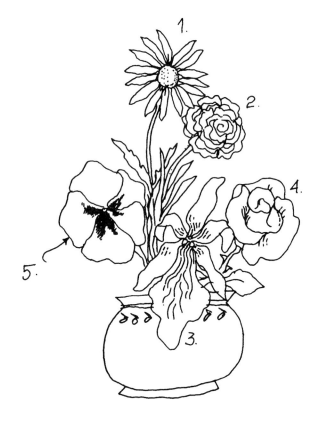

1. _____

2. _____

3. _____

4. _____

5. _____

6. _____ 11. _____

7. _____ 12. _____

8. _____ 13. _____

9. _____ 14. _____

10. _____

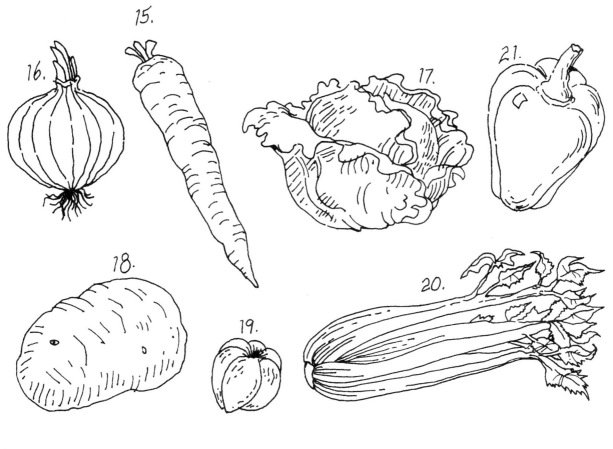

15. _____   19. _____

16. _____   20. _____

17. _____   21. _____

18. _____

Repaso

LECCIONES 6–10

PRÁCTICA DE VOCABULARIO

A. Circle the word or phrase that does not belong in each group.

1. articulación, coyuntura, animal

2. cráneo, cerebro, planta

3. hueso, desierto, esqueleto

4. hoja, sangre, glóbulos rojos

5. timbre, rodilla, codo

6. bronquios, pulmones, vena

7. flor, fruto, pulmones

8. estómago, digestión, tierra

9. anteojos, jardín, espejuelos

10. piel, pigmento, sol

11. músculo, tronco, tallo

12. enseñar, padecer, operar

13. rana, renacuajo, plaqueta

14. caliente, grande, frío

15. pelo, cáctos, desierto

16. vena, nivel, arteria

17. reptil, tráquea, cocodrilo

18. invertebrado, insecto, vida

19. ayudar, pelearse, pegar

20. pedir turno, portarse mal, hacer una cita

B. Circle the word or phrase that best completes each sentence.

1. Caminen de dos en dos y tómense (del pelo, de la cabeza, de la mano).

2. El corazón es el órgano que (opera, envía, nombra) la sangre a todo el cuerpo.

3. Se porta muy mal. Voy a (pensarlo, castigarlo, sostenerlo).

4. Las plantas toman su alimento de (la tierra, la clase, la unión).

5. Vamos a comer. Es la hora (de llegar tarde, de levantar la mano, de almorzar).

6. La lagartija, el cocodrilo y la tortuga pertenecen al grupo de los (peces, mamíferos, reptiles).

7. La piel protege el cuerpo de (la raíz, la hoja, los microbios).

8. No mejora porque no (pelea, se esfuerza, deja).

9. Las aves (existen, explican, nacen) de huevos.

10. Una lagartija pertenece al reino (elemental, animal, vertebral).

11. Voy a pegar esta (fotografía, persona, ropa) en mi cuaderno.

12. Si no ve bien, tiene que (ir, ayudar, transformar) al frente de la clase.

13. No trabaja al nivel del grado, así que está (oscuro, protegido, atrasado).

14. Las plantas necesitan la luz del (sol, elemento, pico).

15. Las aves tienen el cuerpo cubierto de (escamas, pelo, plumas).

16. Mi hijo está en segundo grado. Va a la escuela (baja, elemental, distinta).

17. No podemos ir al jardín botánico porque va a (llegar, volar, llover).

18. En la clase de ciencias, la maestra nos (movió, encontró, enseñó) las características de varios tipos de animales.

19. Éste es el problema. La (solución, semilla, habilidad) depende de Ud.

20. Solamente lo veo de vez en (como, cuando, otro).

C. Match the questions in column *A* with the answers in column *B*.

A

1. ¿Las aves nacen vivas?

2. ¿A qué hora se cierra?

3. ¿De qué padece?

4. ¿Qué cantidad necesitas?

5. ¿De qué trata la lección?

6. ¿De qué se alimentan los árboles?

7. ¿Cómo se llama la unión de dos huesos?

8. ¿En cuántas partes se divide?

9. ¿Qué animales tienen la boca en forma de pico?

10. ¿Cuál es uno de los elementos que forman la sangre?

11. ¿Cuánto tiempo va a pasar aquí?

12. ¿Cómo se llama la armazón del cuerpo?

13. ¿Qué hacen antes de comer?

14. ¿Por dónde vamos?

15. ¿Qué pasa aquí?

16. ¿De qué está formado el esqueleto?

17. ¿Quieres cambiarlo?

18. ¿Les enseñaste algo?

19. ¿Dónde están los libros?

20. ¿Es verde oscuro?

B

_____ a. De la tierra

_____ b. Los glóbulos blancos

_____ c. En la biblioteca

_____ d. Quizás estudian.

_____ e. Coyuntura

_____ f. Los niños se están peleando.

_____ g. Dos días

_____ h. A las cinco

_____ i. De huesos

_____ j. Trata de los mamíferos.

_____ k. Por aquí

_____ l. Necesito treinta.

_____ m. Las aves

_____ n. No, nacen de huevos.

_____ o. No, claro.

_____ p. Del corazón

_____ q. Sí, aprendieron mucho acerca de las plantas.

_____ r. No, me gusta mucho así.

_____ s. En tres partes

_____ t. Esqueleto

D. Crucigrama

HORIZONTAL

2. La tortuga es un _____ .

4. lentes

5. primera comida del día

7. Las plaquetas sirven para _____ la sangre.

8. Los peces respiran por _____ .

10. Hay muchas _____ en el jardín botánico.

11. La naranja es el fruto del _____ .

14. Vamos de excursión al jardín _____ .

16. Los pulmones forman parte del aparato _____ .

20. Suena el _____ para la salida.

21. El esqueleto es la _____ del cuerpo.

22. Necesitamos _____ para purificar la sangre.

25. El corazón es parte del aparato _____ .

27. Ellos no pueden _____ nada del jardín botánico.

29. No tiene mucho; tiene _____ .

30. Las aves pueden _____ porque tienen alas (wings).

VERTICAL

1. El opuesto (opposite) de bajarse es _____ .

3. Los peces tienen el cuerpo cubierto de _____ .

6. Tengo problemas con la vista. Voy a pedirle turno al _____ .

8. Ella no lee bien. Está en el grupo de lectura más _____ .

9. La rana es un _____ .

12. No es igual (same). Es _____ .

13. Los vertebrados tienen columna _____ .

15. Los pulmones toman el oxígeno para _____ la sangre.

17. La _____ es un reptil.

18. Los insectos son animales _____ .

19. Estudiamos el sistema nervioso en la clase de _____ .

23. Esta planta da flores y _____ .

24. La _____ cubre todo nuestro cuerpo.

26. Es la _____ de salida.

28. El _____ animal se divide en dos grupos.

31. El _____ tiene 365 días.

🔲 PRÁCTICA ORAL

**Listen to the following exercise. The speaker will ask you some questions.
Answer each question, using the cue provided. The speaker will verify
your response. Repeat the correct answer.**

1. ¿A qué hora almuerza Ud.? (a las doce)

2. ¿Tiene Ud. sueño después de comer? (sí, a veces)

3. ¿Digiere Ud. bien la comida? (sí)

4. ¿Lo van a operar a Ud. de algo? (no)

5. ¿Padece Ud. del corazón? (no)

6. ¿Tiene Ud. problemas respiratorios? (no)

7. ¿Ve Ud. bien o usa lentes? (veo bien)

8. ¿Cuántas horas duerme Ud.? (ocho)

9. ¿Sabe Ud. mucho de los animales? (sí)

10. ¿Tiene Ud. láminas de animales en su clase? (sí, muchas)

11. ¿Qué animales cree Ud. que son bonitos? (las aves)

12. ¿Cuáles son sus animales favoritos? (los perros y los gatos)

13. ¿Tiene Ud. algún animal doméstico? (sí, dos perros)

14. ¿Tiene Ud. peces de colores en su casa? (no)

15. ¿Qué insectos cree Ud. que son bonitos? (las mariposas)

16. ¿Puede Ud. prestarme algunos libros sobre animales? (sí)

17. ¿Tiene Ud. un jardín en su casa? (sí)

18. ¿Qué flores prefiere Ud.? (las rosas)

19. ¿Tiene Ud. árboles en su casa? (sí, un naranjo)

20. ¿Qué frutas prefiere Ud.? (las naranjas y las uvas)

21. ¿En qué grado dio Ud. clases el año pasado? (en segundo grado)

22. ¿Cuántas clases dio Ud. cada día? (cinco)

23. ¿Llevó Ud. a sus alumnos de excursión la semana pasada? (sí)

24. ¿Adónde los llevó? (al jardín botánico)

25. ¿Qué vieron allí? (plantas de distintos países)

11

📼 *Algunas reglas de ortografía*

Los alumnos de la Srta. Suárez llevan dos semanas preparándose para un concurso de ortografía. Ahora continúan con las reglas.

MAESTRA	—Díganme las reglas que debemos recordar sobre el sonido de la letra *ce* antes de las vocales *i* o *e*. ¿Ramón?
RAMÓN	—Antes de la *i* o de la *e* la *ce* suena como la *ese*.
DORA	—Sí, como en la palabra *cero*.
MAESTRA	—Muy bien, Ramón y Dora. Y, ¿qué sonido tiene la *ce* antes de la *a*, la *o*, o la *u*?
MIGUEL	—Suena como la *ka*. Yo sé una palabra que tiene la *ce* así... ¡*Carro*!
MAESTRA	—¡Muy bien, Miguel! Y, ¿cómo se escribe la palabra *quizás*? ¿Hilda?
HILDA	—*Ce – i – zeta – a – ese*.
MAESTRA	—No... ¿Quién recuerda las reglas de la letra *ce*?
DIEGO	—Maestra, yo las sé. La *ce* antes de la *i* o de la *e* suena como *ese*. Deletreamos *quizás* con la letra *cu*.
MAESTRA	—¡Muy bien, Diego! ¿Quién sabe cómo se escribe *que*?
HILDA	—*Cu – u – e*, ¿verdad, señorita?
MAESTRA	—¡Sí! A ver... ¿quién puede decirnos algo sobre la consonante *ge*?
MÓNICA	—¿Como en la palabra *goma*? Tiene el mismo sonido en la palabra *gusto*, por ejemplo.
MAESTRA	—¿Es la única manera de pronunciarla?
MÓNICA	—Sí...
SILVIA	—¡No! Hay excepciones. Hace una semana que las estudiamos. Se pronuncia como la letra *jota*. Cuando está antes de la *e* o de la *i*.
MAESTRA	—¡Excelente! A ver, ¿quién puede deletrear *geografía*? (*Varios estudiantes contestan a la vez.*) Solamente una persona. ¿Mónica?
MÓNICA	—Eso es fácil. ¡*Ge – e – o – ge – ere – a – efe – i – a*!
MAESTRA	—¡Muy bien! Aprendiste la regla, Mónica. Pero... tengo una pregunta más. ¿Qué lleva la *i* de *geografía*? ¿Sandra?
SANDRA	—Lleva acento, ¿verdad?
MAESTRA	—Sí, *geografía* lleva acento en la penúltima sílaba. Todavía deben repasar cómo se forman los adverbios, y el pasado de los verbos irregulares.
SANDRA	—Maestra, yo ya hice los ejercicios de los verbos regulares. Ayer Ud. dijo que íbamos a revisarlos hoy...
MAESTRA	—No, voy a corregirlos mañana. No todos los trajeron hoy.
RAMÓN	—¡Son muy difíciles!

🔲 Vocabulario

NOMBRES

el concurso contest
el concurso de ortografía spelling bee
la manera manner, way
el pasado past
la pregunta question
la regla rule
el sonido sound
la vocal vowel

VERBOS

bastar (con) to be enough
corregir (e:i)[1] to correct
deletrear to spell
formar to form
ocurrir to happen
preparar(se) to prepare (oneself), to get ready
pronunciar to pronounce
repetir (e:i) to repeat
revisar to check
sonar (o:ue) to sound

ADJETIVOS

difícil difficult
fácil easy
mismo(a) same
penúltimo(a) next to last, penultimate
último(a) last
único(a) only

OTRAS PALABRAS Y EXPRESIONES

a la vez at the same time, simultaneously
a ver... let's see . . .
ayer yesterday
como like
entonces then, in that case
excelente excellent
llevan dos semanas preparándose have been preparing for two weeks
por ejemplo for example
solamente only
todavía still
Ud. iba a... You were going to . . .

Vocabulario adicional

LOS SIGNOS DE PUNTUACIÓN (Punctuation marks)

’   apóstrofe
/ /   barras
,   coma
" "   comillas
-   guión
( )   paréntesis

.   punto
;   punto y coma
[ ]   corchetes
:   dos puntos
¡ !   signos de admiración
¿ ?   signos de interrogación

OTRAS PALABRAS Y FRASES RELACIONADAS CON
LA ORTOGRAFÍA (Other words and phrases related to spelling)

agregar, añadir to add
el alfabeto, el abecedario alphabet
la contracción contraction
el dictado dictation
mudo(a), sin sonido silent

el prefijo prefix
la raíz root
singular singular
el sufijo suffix

---

[1]Orthographic change in the first person: *yo corrijo*

¿Recuerdan ustedes?

Answer the following questions, basing your answers on the dialogue.

1. ¿Cuánto tiempo hace que los alumnos se preparan para el concurso de ortografía?

   _____

2. ¿Qué sonido tiene la letra *ce* antes de la *i* o de la *e*?

   _____

3. ¿Quién repite la regla de la letra *ce*? ¿Por qué?

   _____

4. ¿Cuándo se pronuncia la letra *ge* como *jota*?

   _____

5. ¿Aprendió Mónica la regla? ¿Cómo lo sabe Ud.?

   _____

6. ¿Qué deben estudiar todavía los niños?

   _____

7. ¿Quién hizo ya el ejercicio de los verbos irregulares?

   _____

8. ¿Por qué no va a corregir la maestra los ejercicios hoy?

   _____

9. ¿Ramón dice que los ejercicios son fáciles o difíciles?

   _____

Para conversar

With a classmate, take turns asking each other the following questions.

1. ¿Cómo se escribe su nombre?

   _____

2. ¿Es fácil o difícil pronunciar su apellido (*surname*)?

   _____

3. ¿A qué escuela iba Ud. cuando era niño(a)?

   _____

4. Cuando Ud. era alumno(a), ¿sabía todas las reglas de ortografía?

   _____

5. ¿Participan sus alumnos en los concursos de ortografía de vez en cuando?

_____

6. ¿Cuánto tiempo hace que Ud. estudia español?

_____

7. Para aprender a hablar bien el español, ¿basta con saber las reglas de gramática (*grammar*)?

_____

8. ¿Cuánto tiempo hace que Ud. enseña?

_____

9. ¿Revisa Ud. la tarea de sus alumnos todos los días?

_____

Vamos a practicar

A. **Tell for how long each action has been going on. Use the expression** *hace...que* **in your response.**

> *Modelo:* Roberto empezó a estudiar a las seis. (Son las ocho.)
> **Hace dos horas que Roberto estudia.**

1. Ellos empezaron a prepararse para el concurso el lunes. (Hoy es jueves.)

_____

2. Empecé a corregir los exámenes a las doce. (Ahora son las cinco.)

_____

3. Empezaste a revisar los ejercicios a las once. (Son las seis y media.)

_____

B. **Rewrite the following sentences, first in the preterit and then in the imperfect.**

1. Él no tiene clases en esta aula.

_____

_____

2. Yo voy a la biblioteca.

_____

_____

3. No podemos ir con ellos.

_____

_____

4. Tú no haces la tarea.

_____

_____

5. Los alumnos no traen los libros.

_____

_____

6. Ellos son estudiantes en mi escuela.

_____

_____

C. **Answer the following questions first with affirmative familiar commands, and then with negative familiar commands. Use the corresponding object pronoun when necessary.**

1. ¿Voy a la biblioteca?

_____

_____

2. ¿Traigo *los libros*?

_____

_____

3. ¿*Los* pongo en la mesa?

_____

_____

4. ¿Escribo *las palabras*?

_____

_____

5. ¿Salgo de la clase ahora?

   _____

   _____

6. ¿Vengo mañana?

   _____

   _____

Conversaciones breves

Complete the following dialogue, using your imagination and the vocabulary from this lesson.

El maestro habla con sus estudiantes en la clase.

DIEGO —Señor, ¿dónde lleva el acento la palabra *árbol* ?

MAESTRO — _____

CARLOTA —¿Qué sonido tiene la *ge* cuando está antes de la *i* o de la *e*?

MAESTRO — _____

RITA —¿Tenemos que estudiar cómo se forman los adverbios?

MAESTRO — _____

RAÚL —¿Tenemos que estudiar el pasado de los verbos irregulares también?

MAESTRO — _____

CARMEN —Yo todavía no entiendo lo que Ud. explicó ayer...

MAESTRO — _____

CARMEN —Yo estudio... pero es muy difícil.

MAESTRO — _____

TERESA —¿Necesitamos traer el diccionario mañana?

MAESTRO — _____

En estas situaciones

What would you say in the following situations? What might the other person say?

1. You are speaking to your students about spelling rules. Explain the following:
   a. There are some rules we must remember about the consonants *c* and *g* before the vowels *i* and *e*.
   b. The syllables *que* and *qui* must be spelled with a *qu* because of that rule.

2. Tell a student to come to class tomorrow with his/her homework and a dictionary.

3. Ask a student to spell words for you that have an accent on the next-to-last syllable.

Casos

Act out the following scenarios with a partner.

1. A teacher tries to explain some spelling rules to a student after class.

2. Two students practice some spelling words to prepare for tomorrow's spelling bee.

Un paso más

A. Review the *Vocabulario adicional* in this lesson and write the names of the following punctuation marks.

1. - _____
2. ; _____
3. / / _____
4. , _____
5. ¿ ? _____
6. ' _____

7. : _____
8. ( ) _____
9. . _____
10. ¡ ! _____
11. [ ] _____
12. " " _____

B. Complete the following sentences with words or phrases related to spelling.

1. El _____ tiene 26 letras.

2. La palabra *del* es una _____ .

3. En la palabra *hola*, la letra *h* es _____ .

4. No es plural; es _____ .

5. Para formar el plural de *letra*, es necesario _____ una -*s*.

6. En la palabra *desconocer*, la sílaba *des-* es un _____ .

7. En la palabra *hablamos*, la _____ es *habl-*.

8. En un _____ , Uds. escriben lo que yo digo.

9. En la palabra *naturalmente*, *-mente* es un _____ .

12

🔊 *Una clase de historia*

Hoy los estudiantes de la Sra. López están repasando algunos de los acontecimientos más importantes en la historia de los Estados Unidos.

MAESTRA	—¿Quién descubrió América?
JOSÉ	—La descubrió Cristóbal Colón en el año 1492.
SILVIA	—Pero Colón nunca vino a los Estados Unidos, ¿verdad?
MAESTRA	—No, los que colonizaron este país fueron principalmente los ingleses, pero hubo gente de otras nacionalidades.
JOSÉ	—¿De qué países eran?
MAESTRA	—De España, Francia, Holanda...
CARLOS	—Pero los peregrinos que llegaron en el Mayflower eran ingleses, ¿no?
MAESTRA	—Sí, mucha gente vino de Inglaterra para librarse de la persecución religiosa.
CARLOS	—¿Pero cuándo se formaron los Estados Unidos?
MAESTRA	—En el siglo XVII y a principios del XVIII, de un grupo de colonias inglesas que estaban establecidas en la costa este.
EDUARDO	—¿Por qué quería venir la gente a América?
MAESTRA	—Porque sabía que había mucha tierra cultivable y barata. ¿Quién sabe qué pasó en el año 1776?
LUISA	—Se declaró la independencia de los Estados Unidos.
MAESTRA	—¿Quién fue el primer presidente y en qué año lo eligieron?
MARIO	—Jorge Washington. Lo eligieron en 1778. Ésas fueron las primeras elecciones bajo la constitución.
MAESTRA	—Muy bien. ¿Cuándo comenzó la Guerra Civil y cuánto tiempo duró?
ANTONIO	—Comenzó en 1861 y duró cuatro años.
MAESTRA	—¿Quién era el presidente en esa época?
EVA	—Abraham Lincoln. Él abolió la esclavitud.
MAESTRA	—¡Correcto! (*Suena el timbre.*) Para mañana, lean la página 231 del libro de historia.

Esta es parte de la información que aparece en la página 231 del libro de historia:

> A fines del siglo XIX y principios del XX, los Estados Unidos eran ya una potencia mundial.
>
> En 1914 estalló la Primera Guerra Mundial. Los Estados Unidos trataron de mantenerse neutrales, pero entraron en la guerra en 1917.
>
> Durante la década de los años 20 hubo prosperidad en los Estados Unidos, pero en 1929 comenzó la depresión.
>
> En 1939 comenzó la Segunda Guerra Mundial. Los Estados Unidos se mantuvieron neutrales hasta el año 1941, cuando los japoneses bombardearon Pearl Harbor y el Congreso declaró guerra contra el Japón. La guerra terminó en 1945.

🔈 Vocabulario

COGNADOS

América America	**Holanda** Holland
civil civil	**la independencia** independence
la colonia colony	**la información** information
el congreso congress	**Japón** Japan
la constitución constitution	**el (la) japonés(esa)** Japanese
la década decade	**la nacionalidad** nationality
la depresión depression	**el (la) norteamericano(a)** North American
la elección election	**neutral** neutral
establecido(a) established	**la persecución** persecution
Francia France	**la prosperidad** prosperity
la historia history	**religioso(a)** religious

NOMBRES

el acontecimiento event
la costa coast
Cristóbal Colón Christopher Columbus
la esclavitud slavery
España Spain
la gente people
la guerra war
Inglaterra England
el (la) peregrino(a) pilgrim
la potencia power
el siglo century
el tiempo time

VERBOS

abolir to abolish
aparecer to appear
bombardear to bomb
colonizar to colonize
comenzar (e:ie) to begin, to start
declarar to declare
descubrir to discover
durar to last
elegir[1] (e:i) to elect, to choose
librarse (de) to be (become) free (from)
llegar to arrive
mantener(se)[2] to keep (oneself), to maintain (oneself)

ADJETIVOS

barato(a) inexpensive, cheap
mundial world, worldwide

OTRAS PALABRAS Y EXPRESIONES

a fines de at the end of
a principios de at the beginning of
bajo under
contra against, versus
durante during
en esa época at that time
estalló la guerra the war started
había there was, there were (imperfect)
hubo there was, there were (preterit)
los (las) que the ones who
principalmente mainly
tierra cultivable land suitable for farming

---

[1]Irregular first person: *yo elijo*
[2]Conjugate like *tener*.

Vocabulario adicional

**ALGUNAS PALABRAS RELACIONADAS CON
LA HISTORIA O CON EL GOBIERNO**
(*Some useful words related to history or government*)

el (la) alcalde   mayor
los aliados   allies
la batalla   battle
el capitalismo   capitalism
la ciudad   city
el comunismo   communism
conquistar   to conquer
la democracia   democracy
los esclavos   slaves
fundar   to found
el (la) gobernador(a)   governor
el gobierno   government
los indios   Indians

la ley   law
liberar   to liberate
libre   free
luchar   to fight
la monarquía   monarchy
la paz   peace
los pioneros   pioneers
los puritanos   puritans
los representantes   congressional delegates
los senadores   senators
el territorio   territory
vencer, derrotar   to defeat
votar   to vote

¿Recuerdan ustedes?

Answer the following questions, basing your answers on the dialogue.

1. ¿Quién descubrió América? ¿En qué año?

   _____

2. ¿Quiénes colonizaron este país?

   _____

3. ¿Por qué salió mucha gente de Inglaterra?

   _____

4. ¿Qué formaron las colonias? ¿Cuándo?

   _____

5. ¿En qué año se declaró la independencia de los Estados Unidos?

   _____

6. ¿En qué año eligieron presidente a Jorge Washington?

   _____

7. ¿Cuándo comenzó la Guerra Civil y cuánto tiempo duró?

   _____

8. ¿En qué año estalló la Primera Guerra Mundial?

   _____

9. ¿Qué pasó en los años 20?

_____

10. ¿Qué hizo el Congreso de los Estados Unidos en 1941? ¿Por qué?

_____

Para conversar

With a classmate, take turns asking each other the following questions.

1. ¿Vive Ud. cerca de alguna de las 13 colonias originales?

_____

2. ¿Sabe Ud. quién era el presidente de los Estados Unidos cuando Ud. nació? Y ahora, ¿quién es?

_____

3. ¿Qué estaba haciendo Ud. durante la década de los ochenta?

_____

4. ¿Participa Ud. en todas las elecciones?

_____

5. ¿Fue Ud. a Europa alguna vez? ¿Cuándo?

_____

6. ¿Sabe Ud. quién era el presidente de los Estados Unidos durante la Guerra del Golfo?

_____

7. ¿Sabe Ud. en qué año terminó la Guerra de Vietnam?

_____

8. ¿Qué páginas tienen que estudiar Uds. para la próxima clase de español?

_____

9. ¿Qué parte de la historia de los Estados Unidos prefiere estudiar Ud.?

_____

10. ¿Qué sabe Ud. de la Guerra Civil de los Estados Unidos?

_____

Vamos a practicar

A. **Complete the following sentences with the preterit or the imperfect of the verbs in parentheses.**

1. Yo _____ (conocer) a Carlos cuando yo _____ (tener) quince años.

2. Lincoln _____ (abolir) la esclavitud en el siglo XIX.

3. Ayer, cuando él _____ (ir) a la bibiloteca, él _____ (ver) a nuestra maestra.

4. En esa época la gente _____ (querer) venir a América porque _____ (haber) mucha tierra barata.

5. Nosotros _____ (estar) enfermos (*sick*) todo el día.

6. La clase siempre _____ (durar) dos horas.

7. _____ (ser) las diez cuando la clase _____ (terminar) ayer.

8. Tú no _____ (saber) que ellos _____ (estar) en Inglaterra. Yo lo _____ (saber) ayer.

9. Tú _____ (ir) sola porque ella no _____ (querer) ir contigo.

B. **Complete the following sentences with the appropriate form of the past progressive.**

1. Ellos _____ (estudiar) la constitución.

2. ¿Tú _____ (hablar) de la depresión?

3. Nosotros _____ (leer) la información sobre el Presidente.

4. Rafael _____ (pedir) un libro de historia.

5. Yo _____ (escribir) sobre la Guerra Civil.

C. **Complete the following telephone conversation between a business traveler and her husband using *en* or *a*.**

—¿Y _____ qué hora llegaste, Isabel?

—Llegué _____ las cinco de la mañana.

—¡Ay, no! ¿Dónde desayunaste?

—Desayuné _____ el restaurante del hotel. ¿Qué hicieron tú y los niños ayer?

—Estuvimos _____ casa todo el día. ¡Ah, no! _____ las seis

fuimos _____ comer.

—¿Dónde están los niños ahora?

— _____ la biblioteca.

Conversaciones breves

Complete the following dialogue using your imagination and the vocabulary from this lesson.

Hoy los estudiantes tienen un repaso de historia.

MAESTRA —¿De qué países eran los que colonizaron los Estados Unidos?

ROSA —_____

MAESTRA —¿Dónde estaban establecidas las colonias inglesas de que se formaron los Estados Unidos?

ANA —_____

MAESTRA —¿A quién eligieron presidente en las primeras elecciones?

CARLOS —_____

MAESTRA —¿Cuántos años duró la Primera Guerra Mundial?

RAÚL —_____

MAESTRA —¿Se mantuvieron neutrales los Estados Unidos durante la Primera Guerra Mundial?

EVA —_____

MAESTRA —¿Contra qué país declaró guerra el Congreso en 1941?

ESTELA —_____

MAESTRA —¿En qué año entraron los Estados Unidos en la Segunda Guerra Mundial?

RENÉ —_____

MAESTRA —¿En qué década hubo prosperidad en los Estados Unidos?

CRISTINA —_____

MAESTRA —Muy bien. Para mañana estudien la lección que aparece en las páginas 315, 317 y 320 del libro de historia.

En estas situaciones

What would you say in the following situations? What might the other person say? (One person may play the role of several students.)

1. In honor of President's Day, your students had to do outside reading about George Washington and Abraham Lincoln. Today in class, they are reporting on some achievements of these presidents and on the times in which they lived.

2. You and your students are spending part of a class reviewing for a major test on World War II. You want them to name two events that preceded the war, to identify the years in which the war began and ended, and to state how long the war lasted.

Casos

Act out the following scenarios with a partner.

1. Two students prepare for an exam on important events in the history of the United States that occurred from 1960 to 1990.

2. A guest speaker discusses with a teacher his/her upcoming talk on the discovery of America and the American Revolution.

Un paso más

Review the *Vocabulario adicional* in this lesson and complete the following sentences with the correct form of the word indicated.

1. Nelson _____ a Napoleón en la _____ de Waterloo.

2. El comunismo es lo opuesto del _____ .

3. El sistema de gobierno de los Estados Unidos no es una monarquía; es una _____ .

4. Los _____ y los _____ forman el Congreso y son los que hacen

   las _____ .

5. Lincoln liberó a los _____ .

6. Hernán Cortés _____ México.

7. En la Segunda Guerra Mundial, Inglaterra y Francia eran _____ de los Estados

   Unidos.

8. Terminó la guerra. Ahora tenemos _____ .

9. Los primeros habitantes de América eran _____ .

10. No son esclavos. Son hombres _____ .

11. Antes de ser presidente, Ronald Reagan fue _____ de California.

12. Los _____ mormones colonizaron Utah, que primero fue un _____

y después fue un estado.

13. Los españoles _____ muchas ciudades en Latinoamérica.

14. Él es el nuevo _____ de la ciudad.

15. Los _____ vinieron a este país para librarse de la persecución religiosa.

16. Siempre debe _____ en las elecciones.

13

📼 *En la clase de matemáticas*

Los alumnos acaban de llegar al aula y la maestra empieza la clase de matemáticas.

MAESTRA	—Ahora, para repasar lo que ya sabemos, vamos a resolver un problema. El Sr. Pérez nació en 1915 y murió en 1982. ¿Qué edad tenía cuando murió? Esteban, ¿qué operación tenemos que hacer para resolver el problema? ¿Tenemos que sumar o tenemos que restar?
ESTEBAN	—Tenemos que restar 1915 de 1982, ¿verdad?
MAESTRA	—Muy bien. ¿Es el 5 mayor (>) o menor que (<) el 2?
GUADALUPE	—Es mayor que el 2. ¡Yo sé lo que tenemos que hacer! Hay que pedirle prestada una decena al 8 y sumarle las dos unidades.
MAESTRA	—¡Perfecto! Ahora, ¿cuántas unidades hay?
ROBERTO	—Ahora hay 12 porque una decena tiene diez unidades. Ya podemos quitarle 5 al 12. Y la respuesta es 67 años.
MAESTRA	—Muy bien. A ti te gusta mucho resolver problemas, ¿no?
ROBERTO	—Sí, maestra, pero no me gusta estudiar las tablas.
MAESTRA	—¡Pero necesitas estudiarlas! Carlos, ¿cuántos dígitos tiene el número 67?
CARLOS	—Tiene dos dígitos, señorita. El 6 está en el lugar de las decenas y el 7 está en el lugar de las unidades.
MAESTRA	—Muy bien, Carlos. ¿Está escrita la respuesta en números romanos o en números arábigos?
CARMEN	—En números arábigos. Los números romanos se escriben con letras.
AURORA	—Usamos siete letras para escribir los números romanos. La I vale uno, la V vale cinco, la X vale diez, la L vale cincuenta, la C vale cien, la D vale quinientos y la M vale mil.
MAESTRA	—Muy bien, Aurora y Carmen. Ahora... ¿el 67 es un número par o impar?
ESTELA	—Es impar porque no es múltiplo de dos. También se puede decir que no es divisible por dos.
ESTEBAN	—Maestra, ¿cuándo vamos a estudiar los quebrados?
MAESTRA	—Pronto, Esteban. Primero tenemos que estudiar los números primos y las medidas lineales; luego podemos estudiar los quebrados y los decimales.

🔲 Vocabulario

COGNADOS

arábigo arabic	**el múltiplo** multiple
decimal decimal	**la operación** operation
el dígito digit	**perfecto(a)** perfect
divisible divisible	**primo** prime
lineal linear	**romano(a)** Roman
las matemáticas math	

NOMBRES

la decena ten
la edad age
el lugar place
la medida measurement
los quebrados, las fracciones fractions
la unidad unit, one

VERBOS

contar (o:ue) to count
gustar to please
morir (o:ue) to die
practicar to practice
prestar to lend
resolver (o:ue) to resolve
valer[1] to be worth

ADJETIVOS

impar odd (number)
mayor bigger, larger, greater
menor smaller, less
par even (number)

OTRAS PALABRAS Y EXPRESIONES

está escrito(a) is written
luego then, later
pedir prestado to borrow
pronto soon

---

[1]Irregular first person: *yo valgo*

Vocabulario adicional

MÁS PALABRAS RELACIONADAS CON LAS MATEMÁTICAS *(More words related to math)*

5, 324, 572

unidad de millón
centena de millar
decena de millar
unidad de millar
centena
decena
unidad

$$\begin{array}{r} +\ 3 \\ 2 \\ \hline 5 \end{array} \Big\}$$ **sumandos** addends

suma o total total

$$\begin{array}{r} 8 \\ -4 \\ \hline 4 \end{array}$$ **minuendo** minuend

sustraendo subtrahend

resto o diferencia
difference

$$\begin{array}{r} 9 \\ \times\ 8 \\ \hline 72 \end{array}$$ **multiplicando** multiplicand

multiplicador multiplier

producto product

$\Big\}$ **factores** factors

$$\begin{array}{r} 23 \\ 4\overline{)95} \\ 8 \\ \hline 15 \\ 12 \\ \hline 3 \end{array}$$

divisor

cociente quotient

dividendo dividend

residuo remainder

signos
signs $\Big\{$

$(+)$ **más**

$(-)$ **menos**

$(\%)$ **entre**

$(\times)$ **por**

Nota In Spanish-speaking countries this division would be in this manner:

dividendo → 95 ⌊4 ← divisor
15 23 ← (cociente)
(3) ← residuo

123

Notas culturales

Personal space—the distance at which people feel comfortable talking or otherwise interacting with one another—is generally smaller in Spanish-speaking countries than in the United States. Physical contact is more common in the course of daily life, and both parents and teachers tend to be quite physically expressive with young children. Young Hispanic children who are used to this may interpret a less physical personal style as an expression of coldness or rejection, particularly if their education began in a Latin American school, where teachers are more likely to reward good behavior or a correct answer with a gentle touch or a hug.

¿Recuerdan ustedes?

Answer the following questions, basing your answers on the dialogue.

1. ¿Qué tiene que hacer Guadalupe antes de restar 15 de 82?

   _____

2. ¿Qué le gusta hacer a Roberto y qué no le gusta hacer?

   _____

3. ¿Los números romanos se escriben con números o con letras?

   _____

4. ¿Cuánto vale la V en números romanos? ¿Y la X?

   _____

5. ¿Cómo se llaman los números que son múltiplos de dos?

   _____

6. ¿Qué tienen que hacer los niños para mañana?

   _____

7. ¿Qué van a hacer los chicos muy pronto?

   _____

8. ¿Qué tienen que estudiar antes?

   _____

Para conversar

With a classmate, take turns asking each other the following questions.

1. ¿En qué año nació su compañero (*partner*)? ¿Sabe Ud. cuántos años tiene?
   ¿Cómo puede averiguarlo (*find it out*)?

   _____

2. ¿Le gusta a Ud. resolver problemas? ¿Y a sus estudiantes?

   _____

3. ¿Les gusta a sus alumnos resolver problemas? ¿Cuáles?

   _____

4. ¿Les enseña Ud. a sus alumnos los números romanos o solamente los
   números arábigos?

   _____

5. ¿Cómo se escribe su edad en números romanos?

   _____

6. ¿Es su edad un número par o impar? ¿Tiene mitad o no?

   _____

7. ¿Quieren sus estudiantes estudiar los quebrados?

   _____

8. ¿En qué grado estaba Ud. cuando estudió los quebrados? ¿Y los decimales?

   _____

Vamos a practicar

A. Give the Spanish equivalent of the words in parentheses.

1. Los niños _____ el sistema decimal. (*have just studied*)

2. _____ matemáticas. (*He likes*)

3. Ella _____ un libro para estudiar las medidas lineales. (*asked for*)

4. Los chicos _____ todos los problemas. (*have just solved*)

5. Nosotros _____ los números romanos. (*have just written*)

6. _____ estudiar las tablas de multiplicar. (*We don't like*)

7. ¿Qué clases _____ Uds.? (*chose*)

8. A Ramiro _____ resolver problemas. (*he doesn't like*)

9. _____ las tablas. (*We need*)

10. _____ de escribir. (*My hand hurts*)

B. Complete the following questions using *qué* or *cuál (es)*.

1. ¿ _____ son los problemas que tenemos que hacer?

2. ¿ _____ son las medidas lineales?

3. ¿ _____ es su fecha de nacimiento (*birth*)?

4. ¿ _____ es una fracción?

5. ¿ _____ es un número par? ¿El número que tiene mitad?

6. ¿ _____ son los números romanos?

Conversaciones breves

Complete the following dialogue using your imagination and the vocabulary from this lesson.

Los alumnos de la Sra. Álvarez se preparan para el examen de matemáticas.

MAESTRA   —Rafael, ¿cuántas decenas hay en el número 200?

RAFAEL   —_____

MAESTRA   —¿Por qué no es par el número 25?

CARLOS   —_____

MAESTRA   —¿Qué clase de número es?

TERESA   —_____

RAÚL   —Señorita, no puedo resolver el problema 72 – 24 porque el cuatro es mayor que el dos.

MAESTRA   —_____

CARLOS   —Señorita, ya es la hora del recreo.

En estas situaciones

What would you say in the following situations? What might the other person say? (One person may play the role of several students.)

1. Explain Roman numerals to your students.

2. Given the numbers 25 and 19, ask your students which one is larger, if they are even or uneven, and how many digits each number has.

3. Tell a student who is not very fond of tables that you know that he doesn't like to study the tables, but he has to know them in order to work out many math problems.

Casos

Act out the following scenarios with a partner.

1. Two students who are studying for a math exam quiz each other.

2. A student explains Roman numerals to a younger sibling.

3. A teacher tutors a student about how to solve a subtraction problem.

Un paso más

Review the *Vocabulario adicional* in this lesson and give the names for the
following items.

1. $5\overline{)68}$ with quotient 13
    ```
       13
    5 /68
       5
      ‾‾
      18
      15
     (3)
    ```
    _____
    _____
    _____
    _____

4.
    ```
      72
    + 24
    ‾‾‾‾
      96
    ```
    _____
    _____
    _____

2.
    ```
      92
    × 3
    ‾‾‾
    276
    ```
    _____
    _____
    _____

5. × _____
    ÷ _____
    + _____
    − _____

3.
    ```
      24
    −18
    ‾‾‾
      6
    ```
    _____
    _____
    _____

6. 3,705,842

14

🔊 *Un repaso de matemáticas*

La Sra. Martínez les había dicho a los alumnos que hoy iba a darles un examen, pero ellos le han pedido un repaso antes del examen.

MAESTRA	—¿Cómo se llaman los términos de las fracciones?
RAFAEL	—Numerador y denominador.
MAESTRA	—¿Qué son números mixtos?
CARMEN	—Los que están formados por un entero y un quebrado.
MAESTRA	—¿Cómo se simplifica un quebrado?
ANA	—Se dividen el numerador y el denominador entre el mismo número.
MAESTRA	—¿Qué se hace para sumar o restar quebrados de distinto denominador?
TERESA	—Se reducen a un común denominador y se suman o restan los numeradores.
MAESTRA	—¿Cuál es el recíproco de $4/5$ (cuatro quintos)?
CARLOS	—$5/4$ (cinco cuartos).
MAESTRA	—¿Es ésa una fracción propia o impropia?
EDUARDO	—Es una fracción impropia porque el numerador es mayor que el denominador.
MAESTRA	—Bueno, veo que han estudiado muy bien los quebrados, pero, ¿qué otro tipo de fracciones hay?
RITA	—Las fracciones decimales.
MAESTRA	—¿Qué usamos para separar los enteros de los decimales?
RAÚL	—Usamos el punto[1] decimal.
MAESTRA	—¿Cómo se llama el primer lugar después del punto decimal?
ELVIRA	—Décima.
MAESTRA	—¿Cuál es la equivalencia de $1/2$ (un medio) en decimales?
CARMEN	—Es 0.50 (cincuenta centésimas) ó[2] 0.5 (cinco décimas).
MAESTRA	—¿Y en tanto por ciento?
CARMEN	—Yo lo sé. Es el 50% (cincuenta por ciento).
MAESTRA	—¿Qué por ciento de 8 es 2?
ESTELA	—Es el 25% (veinticinco por ciento).
CARMEN	—Señorita, Ud. nos había dicho que no teníamos que estudiar el tanto por ciento para este examen, ¿verdad?
MAESTRA	—No, el tanto por ciento también va al examen porque ya hace una semana que terminamos esa lección.
MANUEL	—Señorita, ¿cuáles son las medidas de longitud que debemos estudiar?

---

[1]In most Spanish-speaking countries a comma is used instead of a period.
[2]The word *or*, when used with numerals, gains an accent (*ó*) to distinguish it from the numeral zero (*0*).

MAESTRA	—La pulgada, el pie, la yarda y la milla. También deben saber las medidas del sistema métrico.
RICARDO	—¿Todas?
MAESTRA	—No, solamente las medidas de peso.
MARÍA	—¿La libra, la onza y la tonelada?
MAESTRA	—No, el gramo y el kilogramo.

🔊 Vocabulario

COGNADOS

el denominador   denominator
la equivalencia   equivalence
el gramo   gram
el kilogramo   kilo, kilogram
el numerador   numerator
el recíproco   reciprocal
la yarda   yard (unit of measure)

NOMBRES

la centésima   hundredth
la décima   tenth
el entero   whole
la libra   pound
la longitud   length
la onza   ounce
el peso   weight
el pie   foot
la pulgada   inch
el punto   point
el sistema métrico   metric system
el término   term
la tonelada   ton

VERBOS

reducir   to reduce
simplificar   to simplify

ADJETIVOS

impropio(a)   improper
mixto(a)   mixed

OTRAS PALABRAS Y EXPRESIONES

entre, por   by
por ciento   percent
el tanto por ciento   percentage
un cuarto   one fourth
un medio   one half
un quinto   one fifth

Vocabulario adicional

Algunas medidas (*Some measurements*)

MEDIDAS CUADRADAS O DE SUPERFICIE (*Square or surface area measurements*)

acre   acre
pie^2 (cuadrado)   (square) foot
pulgada^2 (cuadrada)   (square) inch

MEDIDAS CÚBICAS O DE VOLUMEN (*Cubic or volume measurements*)

pie^3 (cúbico)   (cubic) foot
pulgada^3 (cúbica)   (cubic) inch

MEDIDAS DE CAPACIDAD (*Liquid measurements*)

el cuarto, el cuarto de galón   quart
el galón   gallon
el litro   liter
la pinta   pint
la taza   cup

ALGUNAS MEDIDAS DEL SISTEMA MÉTRICO (*Some metric system measurements*)

el centímetro   centimeter
el decímetro   decimeter
el kilómetro   kilometer
el metro   meter
el milímetro   millimeter

LUGARES DECIMALES (*Decimal places*)

24.5 3 8 5 7
— cien milésima
— diez milésima
— milésima
— centésima
— décima

QUEBRADOS (*Fractions*)

$\frac{1}{2}$ (medio) $\frac{2}{3}$ (tercios) $\frac{5}{6}$ (sextos) $\frac{2}{7}$ (séptimos)

$\frac{7}{8}$ (octavos) $\frac{8}{9}$ (novenos) $\frac{6}{10}$ (décimos) $\frac{7}{11}$ (onceavos)

¿Recuerdan ustedes?

Answer the following questions, basing your answers on the dialogue.

1. ¿Qué les había dicho la Sra. Martínez a los alumnos?

_____

2 ¿Qué le han pedido los alumnos a la Sra. Martínez?

_____

3. ¿Qué han estudiado muy bien los alumnos?

_____

4. ¿Les había dicho la maestra a los niños que no tenían que estudiar el tanto por ciento?

_____

5. ¿Cuánto tiempo hace que los alumnos terminaron la lección del tanto por ciento?

_____

6. ¿Qué medidas de longitud tienen que estudiar los niños?

_____

7. ¿Tienen los niños que estudiar todas las medidas del sistema métrico?

_____

8. ¿Sabe María cuáles son las medidas de peso del sistema métrico?

_____

Para conversar

With a classmate, take turns asking each other the following questions.

1. ¿Cuántos exámenes les ha dado Ud. a sus alumnos este año?

_____

2. ¿Le han pedido sus estudiantes a Ud. un repaso últimamente (*lately*)?

_____

3. ¿Han estudiado sus estudiantes los quebrados? ¿Y los decimales?

_____

4. ¿Saben sus alumnos cómo se simplifica un quebrado?

_____

5. En su clase ¿han estudiado las medidas?

_____

6. ¿Qué tipo de medidas han estudiado?

_____

7. ¿Usan Uds. el sistema métrico en su clase?

_____

8. ¿A sus alumnos les gusta estudiar matemáticas?

_____

9. ¿Cuántas pulgadas hay en un pie? ¿Y en una yarda?

_____

10. ¿Cuántas libras hay en un kilogramo?

_____

Vamos a practicar

A. Rewrite the following sentences, putting the italicized verbs first in the *present perfect* and then in the *pluperfect*.

1. Ella *dice* que debemos estudiar las equivalencias.

_____

_____

2. *Escriben* todas las medidas de longitud.

_____

_____

3. *Hago* la tarea de matemáticas.

_____

_____

4. *Simplificamos* todas las fracciones.

_____

_____

5. ¿Tú les *hablas* del tanto por ciento y de los decimales?

_____

_____

6. ¿Ud. lo *divide* por el mismo número?

_____

_____

B. Write the past participles that correspond to the verbs in parentheses in the following sentences. Be sure to make them agree with the nouns they modify.

1. Los libros están _____ . (abrir)

2. La puerta está _____ . (cerrar)

3. El árbol no está _____ . (morir)

4. El trabajo no está bien _____ . (hacer)

5. Las ventanas están _____ . (romper)

C. Complete the following sentences with the Spanish equivalent of the words in parentheses.

1. ¿_____ empezaron Uds. a estudiar los quebrados? (*How long ago*)

2. _____ que empezamos. (*Two weeks ago*)

3. ¿_____ estudiaste las medidas de peso? (*How long ago*)

4. Las estudié _____ . (*three days ago*)

5. _____ que compré el libro de matemáticas. (*Four weeks ago*)

6. Él lo compró _____ . (*one week ago*)

7. ¡Y Susana lo compró _____ ! (*three days ago*)

Conversaciones breves

Complete the following dialogue using your imagination and the vocabulary from this lesson.

Teresa y Ana estudian juntas para el examen de matemáticas.

TERESA   —Ana, ¿cuáles son las medidas de peso del sistema métrico?

ANA   —_____

TERESA   —Muy bien.

ANA   —_____

TERESA   —Hay mil gramos en un kilogramo. ¿Cuántas libras hay en una tonelada?

ANA   —_____

TERESA   —¿Para qué usamos el punto decimal?

ANA   —_____

TERESA   —¿Qué tipo de número es $3^2/5$?

ANA   —_____

TERESA   —¿Tenemos que estudiar el tanto por ciento para este examen?

ANA   —_____

En estas situaciones

What would you say in the following situations? What might the other person say? (One person may play the role of several students.)

1. You need to tell your students the following things about fractions:

    a. To simplify a fraction, the numerator and the denominator are divided by the same number.

    b. To add or subtract fractions of different denominators, they are reduced to a common denominator and the numerators are added or subtracted.

    c. If the numerator is bigger than the denominator, we have an improper fraction.

2. You are reading the following fractions for your students: $^2/_5$; $^1/_2$; $^3/_4$.

3. You tell your students that fractions are going to be included in the exam but decimals and percentages are not.

4. You tell your students what the standard measurements of length are in the American system, and, for clarity, you explain how they are related. For example, there are twelve inches in a foot.

Casos

Act out the following scenarios with a partner.

1. Two students quiz each other about fractions before a math exam.

2. A teacher explains how fractions, decimals, and percentages are related.

Un paso más

A. Review the *Vocabulario adicional* in this lesson and write the following in Spanish.

1. $23''2$

2. $12'3$

3. $2/3$

4. $3/7$

5. $7/10$

6. $8/15$

7. $5/6$

8. $8/9$

9. $4/8$

B. **Complete the following sentences with the words from** *Vocabulario adicional*.

1. Hay cuatro _____ en un galón.

2. La pulgada cuadrada es una medida de _____ y el pie cúbico es una medida

   de _____ .

3. Hay dos _____ en un cuarto y hay dos _____ en una pinta.

4. Un _____ tiene mil metros y un metro tiene cien _____ .

5. Un decímetro tiene 100 _____ y un centímetro tiene 100 _____ .

C. **Write the names of the following decimal places.**

5. 3 8 5 7 2

Lección

15

En la clase de ciencias

Hace una semana que comenzaron las clases y la maestra quiere comprobar cuánto recuerdan los alumnos sobre ciencias. Ahora va a hacerles unas preguntas sobre algunos conocimientos básicos.

Astronomía:

MAESTRA	—¿Qué es la Tierra?
ÁNGEL	—La Tierra es el planeta donde vivimos.
MAESTRA	—Bien. ¿De qué sistema forma parte la Tierra?
RAÚL	—Del sistema solar.
MAESTRA	—¿Qué es la luna?
CARMEN	—Es el satélite de nuestro planeta.
DIEGO	—¡A mí me gustaría hacer un viaje a la luna!
MAESTRA	—Supongo que algún día todos podremos viajar en el espacio... Sonia, ¿qué es el sol?
SONIA	—Es una estrella que nos da energía, luz y calor.
MAESTRA	—Muy bien. ¿A qué galaxia pertenece el sistema solar?
ROSA	—A la Vía Láctea.

Física:

MAESTRA	—¿Cuáles son los estados en que aparece la materia en la naturaleza?
RAFAEL	—Son tres, maestra: sólido, líquido y gaseoso.
MAESTRA	—¡Excelente, Rafael! Raúl, ¿puedes darme un ejemplo de algo en estado líquido?
RAÚL	—El agua, señorita.
MAESTRA	—¿Cómo se llama el cambio del estado líquido al estado gaseoso?
CARMEN	—Se llama evaporación.
MAESTRA	—Bien. ¿Qué tipos de máquinas simples conocen Uds.?
GUSTAVO	—La palanca, la polea, el plano inclinado y el torno.
MAESTRA	—Muy bien, Gustavo.

Química:

MAESTRA	—¿La sal de cocina es un cuerpo simple o compuesto?
EDUARDO	—Es un cuerpo compuesto.
MAESTRA	—Pedro, ¿podrías decirme qué elementos componen la sal?
PEDRO	—El cloro y el sodio.
MAESTRA	—Muy bien. ¿Cuál es el nombre científico de la sal de cocina?
CARLOS	—Cloruro de sodio.
MAESTRA	—Bien, Carlos. ¿Cuál es la fórmula del agua?
ESTER	—H_2O
TERESA	—¿Qué significa eso?
MAESTRA	—Que en cada molécula de agua hay dos átomos de hidrógeno y un átomo de oxígeno.

137

RITA	—Señorita, ¿cómo están formados los átomos?
MAESTRA	—¿Quién podría contestarle a Rita?
MARIO	—Yo lo sé. Están formados por protones, electrones, y neutrones.
MAESTRA	—Muy bien, Mario. Recuerdan mucho sobre las ciencias. ¡Estoy orgullosa de Uds! Ya no tenemos más tiempo, pero mañana haremos varios experimentos con la electricidad.

Vocabulario

COGNADOS

la **astronomía**   astronomy
el **átomo**   atom
   básico(a)   basic
   científico(a)   scientific
la **electricidad**   electricity
el **electrón**   electron
la **energía**   energy
la **evaporación**   evaporation
el **experimento**   experiment
la **física**   physics
la **fórmula**   formula
la **galaxia**   galaxy
   gaseoso(a)   gaseous
el **hidrógeno**   hydrogen

líquido   liquid
la **materia**   matter
la **molécula**   molecule
el **neutrón**   neutron
el **planeta**   planet
el **protón**   proton
la **química**   chemistry
la **sal**   salt
el **satélite**   satellite
   simple   simple
el **sodio**   sodium
   solar   solar
   sólido   solid

NOMBRES

el **calor**   heat
el **cambio**   change
el **cloro**   chlorine
la **cocina**   kitchen
el **conocimiento**   knowledge
el **ejemplo**   example
el **espacio**   space
la **estrella**   star
la **luna**   moon
la **máquina**   machine
la **naturaleza**   nature
la **palanca**   lever
el **plano inclinado**   inclined plane
la **polea**   pulley
la **Tierra**   Earth
el **torno**   lathe
la **Vía Láctea**   Milky Way
el **viaje**   trip

VERBOS

componer   to compose, to be found in
comprobar (o:ue)   to verify
sentirse (e:ie)   to feel
suponer   to suppose
viajar   to travel

ADJETIVOS

compuesto(a)   compound
orgulloso(a)   proud

OTRAS PALABRAS Y EXPRESIONES

cloruro de sodio   sodium chloride
hacer un viaje   to take a trip

Vocabulario adicional

OTRAS PALABRAS RELACIONADAS CON LAS CIENCIAS (*Other words related to science*)

el año luz   light year
la condensación   condensation
disolver (o:ue)   to dissolve
filtrar   to filter
inorgánico(a)   inorganic
medir (e:i)   to measure
la mezcla   mixture
la onda corta   short wave

la onda larga   long wave
orgánico(a)   organic
la pila, la batería   battery
las propiedades   properties
el símbolo   symbol
la solidificación   solidification
la velocidad   speed, velocity

¿Recuerdan ustedes?

Answer the following questions, basing your answers on the dialogue.

1. ¿Cuánto tiempo hace que comenzaron las clases?

    _____

2. ¿Qué hace la maestra para comprobar cuánto recuerdan sus alumnos?

    _____

3. ¿Qué le gustaría hacer a Diego? ¿Cree la maestra que podrá hacerlo?

    _____

4. ¿Cuántas máquinas simples conoce Gustavo? ¿Cuáles son?

    _____

5. ¿Cuál dice Carlos que es el nombre científico de la sal de cocina?

    _____

6. ¿Qué le pregunta Rita a la maestra?

    _____

7. ¿Quién le contesta a Rita?

    _____

8. ¿Qué harán los niños mañana?

    _____

Para conversar

With a classmate, take turns asking each other the following questions.

1. ¿Tienen sus estudiantes algunos conocimientos básicos de física?

    _____

2. ¿Recuerdan sus estudiantes mucho después de las vacaciones (*vacations*)?

    _____

3. ¿Cómo comprueba Ud. cuánto recuerdan? ¿Les da un examen?

_____

4. ¿Qué tipo de ciencias enseña Ud. en clase, física, química, o anatomía?

_____

5. ¿Hacen sus estudiantes experimentos en la clase de ciencias? ¿De qué tipo?

_____

6. ¿Qué máquinas simples saben usar sus alumnos?

_____

7. ¿Qué saben sus alumnos sobre nuestro sistema solar?

_____

8. ¿Le gustaría a Ud. viajar en el espacio? ¿Podrá hacerlo algún día?

_____

9. ¿Hace Ud. muchos experimentos en su clase?

_____

10. ¿Qué hará Ud. en su próxima clase de ciencias?

_____

Vamos a practicar

A. Rewrite the following sentences, using the future tense in place of the italicized words.

1. *Vamos a hacer* un experimento con la electricidad.

_____

2. *Van a estudiar* la polea y el plano inclinado.

_____

3. ¿Dónde *vas a poner* la máquina?

_____

4. Le *voy a decir* que va a hacer un viaje a la luna.

_____

5. Él no *va a venir* a la clase de física.

_____

B. **Fill in the blanks in the following sentences, using the conditional tense of the verbs in the list.**

venir   gustar   escribir   saber   salir

1. Él no _____ contestar esas preguntas.

2. Ellos _____ las fórmulas en la pizarra.

3. ¿Tú _____ a la conferencia sobre astronomía?

4. A nosotros nos _____ viajar en el espacio.

5. Yo _____ de mi casa a las ocho.

C. **Complete the following sentences with the prepositions *a*, *de* or *en* as necessary.**

1. Él dijo que venía _____ verme _____ las cinco

   _____ la tarde.

2. Vamos _____ empezar _____ estudiar los planetas mañana.

3. Esperamos _____ la maestra. Ella va _____ llegar

   _____ la clase tarde.

4. Los libros que están _____ la mesa son _____ Rosaura.

5. Ellos hablaban _____ hacer un viaje _____ San Francisco. Van

   _____ ir _____ autobús.

Conversaciones breves

Complete the following dialogue, using your imagination and the vocabulary from this lesson.

Teresa y Anita estudian para el examen de ciencias que tendrán la semana próxima.

TERESA   —_____

ANITA   —Los elementos que componen la sal son el cloro y el sodio.

TERESA   —_____

ANITA   —La fórmula del agua es H_2O.

TERESA   —_____

ANITA   —Están formados por protones, electrones y neutrones.

TERESA   —_____

ANITA   —En tres estados: sólido, líquido y gaseoso.

TERESA   —_____

ANITA   —El cambio de un líquido a gas se llama evaporación.

TERESA   —_____

ANITA   —Muy bien. Bueno, ya no tenemos más tiempo. Mañana continuaremos.

En estas situaciones

What would you say in the following situations? What might the other person say? (One person may play the role of several students.)

1. The topic of today's class is astronomy. You want to make sure that your students know what the Earth, sun, moon, and Milky Way are, and you want them to tell you how many planets there are in the solar system.

2. You and a colleague are examining two new science texts to decide which one would be best for use with your classes. You need to be sure that the texts include simple machines, evaporation, and the three states of matter.

3. You ask your students the following questions about chemistry in preparation for a science bowl competition.
   a. What is the formula for water?
   b. What is the scientific name for kitchen salt?
   c. How are atoms formed?
   d. Are water and salt simple or compound bodies?

Casos

Act out the following scenarios with a partner.

1. Two students quiz each other before a science test.

2. A student explains some features of the solar system to his/her classmates.

3. A teacher gives examples of each state of matter.

Un paso más

Review the *Vocabulario adicional* in this lesson and complete the following sentences.

1. Si disolvemos sal en el agua, tenemos una combinación, no una _____ .

2. El _____ del oxígeno es O.

3. La _____ es el cambio de un líquido a sólido, y la _____ es el cambio de un gas a un líquido.

4. La _____ de la luz es 300.000 kilómetros por segundo.

5. Necesito una _____ nueva para mi radio.

6. No es un radio de _____ corta, es de _____ larga.

7. ¿Cuáles son las _____ de la materia?

8. Este año estudiamos química inorgánica y el próximo año vamos a estudiar

   química _____ .

9. El agua tiene tierra. La tenemos que _____ .

10. La distancia de la Tierra a las estrellas se mide en _____ .

Repaso

LECCIONES 11–15

PRÁCTICA DE VOCABULARIO

A. Circle the word or phrase that does not belong in each group.

1. pulgada, onza, libra

2. España, Japón, Francia

3. equivalencia, numerador, denominador

4. entero, décima, centésima

5. durar, descubrir, colonizar

6. diez años, década, siglo

7. palanca, tierra, polea

8. estrella, luna, máquina

9. protones, espacio, electrones

10. cloruro de sodio, azúcar, sal

11. par, mayor, impar

12. divisor, múltiplo, primo

13. única, todavía, solamente

14. arábigo, decena, romano

15. Vía Láctea, torno, galaxia

16. entero, quinto, medio

17. durante, bajo, en esa época

18. entonces, luego, solamente

19. astronomía, física, matemáticas

20. deletrea, ortografía, colonia

B. Circle the word or phrase that best completes each sentence.

1. La letra *ce* (suena, cuenta, repite) como la *ese* antes de la *i* o la *e*.

2. En la Segunda Guerra Mundial, los Estados Unidos trataron de (liberarse, mantenerse, prepararse) neutrales, pero más tarde entraron en la guerra.

3. Japón (comprobó, bombardeó, colonizó) Pearl Harbor.

4. Le presté el libro a Olga y nunca me lo (corrigió, contestó, devolvió).

5. La Primera Guerra Mundial estalló (a principios, a fines, antes) del siglo XX.

6. No me gusta la aritmética porque hay que resolver muchos (dígitos, problemas, acentos).

7. A ver... el átomo está formado por electrones, neutrones y (cloro, protones, conocimientos).

8. ¿Es la única (manera, costa, energía) de pronunciarla?

9. La palabra *geografía* lleva (líquido, acento, acontecimiento) en la *i*.

10. *Láctea* lleva acento en la (penúltima, consonante, vocal) sílaba.

11. Aunque es una gran (constitución, naturaleza, potencia) mundial, los Estados Unidos también tienen problemas económicos.

12. El congreso declaró la guerra (contra, como, entre) Japón.

13. Pronto los niños van a poder (bastar, contar, descubrir) de diez en diez.

14. Ayer no (hay, va a haber, hubo) tiempo para enseñarles el tanto por ciento.

15. Diciembre es el (primer, último, cuarto) mes (*month*) del año.

16. Las colonias estaban (establecidas, aparecidas, liberadas) en la costa este.

17. La historia estudia (los acontecimientos, las operaciones, las evaporaciones) más importantes.

18. Los chicos no tienen ningún conocimiento (lineal, mixto, científico).

19. En esa (época, naturaleza, palanca) había muchos problemas sociales.

20. El número tres es (par, impar, sólido).

C. **Match the questions in column A with the answers in column B.**

A	*B*

A

1. ¿Cuál es el satélite de la tierra?

2. ¿Qué ciencia estudia los planetas?

3. ¿Qué elementos forman el agua?

4. ¿Cuántas unidades hay en una decena?

5. ¿Cuáles son los estados de la materia?

6. ¿A qué sistema pertenece la tierra?

7. ¿Qué otro nombre tiene el cloruro de sodio?

8. ¿Cuál es la fórmula del agua?

9. ¿De qué están formadas las moléculas?

10. ¿Quién era Presidente durante la Guerra Civil?

11. ¿En qué año empezó la depresión?

12. ¿Qué vas a hacer con esos quebrados?

13. ¿Qué clase de número es 3 $^4/_5$?

14. ¿Quién pudo resolver el problema?

15. ¿En qué sílaba está el acento en la palabra "nació"?

16. ¿Está en el presente?

17. ¿Suena la *ce* como la *ese*?

18. ¿Es necesario saber todas las reglas?

19. ¿Qué vamos a estudiar mañana en la clase de matemáticas?

20. ¿Qué estrella nos da calor y energía?

B

_____ a. Diez.

_____ b. En 1929.

_____ c. Mixto.

_____ d. Sal de cocina.

_____ e. Yo tengo la respuesta.

_____ f. Lincoln.

_____ g. La astronomía.

_____ h. En la última.

_____ i. Al sistema solar.

_____ j. No, en el pasado.

_____ k. H_2O.

_____ l. La luna.

_____ m. De átomos.

_____ n. Sólido, líquido, y gaseoso.

_____ o. Voy a simplificarlos.

_____ p. Hidrógeno y oxígeno.

_____ q. No, solamente las que les di ayer.

_____ r. El sol.

_____ s. Sí, antes de la *i* o de la *e*.

_____ t. Los números primos.

D. Crucigrama

HORIZONTAL

3. Va a haber una _____. Van a elegir un nuevo presidente.

4. Es de Tokío; es _____.

7. opuesto (*opposite*) de *singular*

8. El 4 de julio celebramos el día de la _____.

10. $^5/_4$ es el _____ de $^4/_5$.

11. No cuesta mucho. Es muy _____.

12. Estudiamos la electricidad en la clase de _____.

13. Quiero hacer un _____ a México.

15. Vinieron a América buscando principalmente _____ cultivable.

17. Lincoln abolió la _____.

19. Otra manera de decir *quebrados* es _____.

21. La Primera _____ Mundial comenzó en 1914.

22. Los peregrinos vinieron de _____.

23. El punto _____ separa los enteros de los decimales.

24. Declaró guerra _____ Japón.

26. medidas lineales: medidas de _____.

31. Vamos a tener un _____ de ortografía.

33. La letra *a* es una _____.

34. Hay mil gramos en un _____.

35. No es regular; es _____.

VERTICAL

1. No es simple; es _____.

2. personas

5. Jorge Washington fue el primer _____.

6. Los números pares son _____ por dos.

9. Los _____ vinieron en el "Mayflower" para librarse de la persecución religiosa.

14. verbo: prosperar; nombre: _____.

16. acerca de

18. Hay 3 pies en una _____.

20. El plano _____ es una máquina simple.

25. Aprendemos cómo se escriben las palabras en la clase de _____.

27. Hay dos mil libras en una _____.

28. No es una fracción propia; es una fracción _____.

29. Quiero viajar en el _____.

30. La Guerra _____ comenzó en 1861.

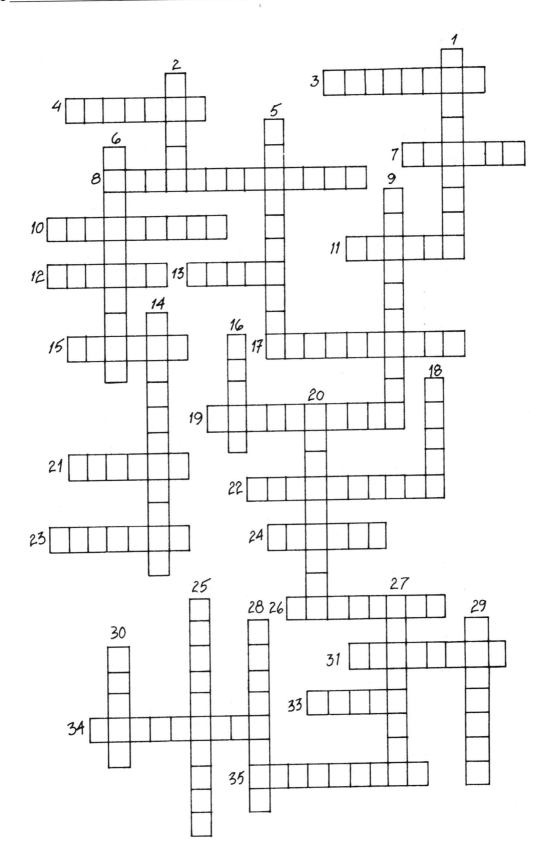

🔊 PRÁCTICA ORAL

Listen to the following exercise on the audio program. The speaker will ask you some questions. Answer each question, using the cue provided. The speaker will verify your response. Repeat the correct answer.

1. ¿Le gustaría a Ud. vivir en otro siglo? (sí, en el siglo XIII)

2. ¿De qué nacionalidad es su mamá? (inglesa)

3. ¿Estuvo Ud. en Inglaterra? (sí)

4. ¿Ha estado Ud. en otros países? (sí, en España y en Francia)

5. ¿Participa Ud. en todas las elecciones? (sí)

6. ¿Le gustaría a Ud. viajar por el espacio? (no)

7. ¿Haría Ud. un viaje a la luna? (no, tendría miedo)

8. ¿Le gusta a Ud. estudiar matemáticas? (sí)

9. ¿Le gusta a Ud. resolver problemas? (sí)

10. ¿Sabía Ud. todas las reglas de ortografía cuando estaba en la escuela primaria? (no todas)

11. ¿Cuántas sílabas tiene su nombre? (tres)

12. ¿Pronuncia Ud. bien el español? (Sí, muy bien)

13. ¿Sabe Ud. todas las reglas de gramática del español? (no)

14. ¿Sabe Ud. todos los verbos irregulares del español? (no, solamente algunos)

15. Para aprender español, ¿a Ud. le basta con venir a clase? (no, necesito estudiar)

16. ¿Saben sus estudiantes reducir las fracciones? (todavía no)

17. ¿Cuánto tiempo hace que Ud. enseña historia? (cinco años)

18. ¿Qué números saben sus estudiantes? (los números arábigos y los números romanos)

19. ¿Les enseña Ud. los números decimales a sus alumnos? (sí)

20. ¿Sus estudiantes ya saben sumar y restar quebrados? (todavía no)

21. ¿Ya les enseñó Ud. a sus alumnos el sistema métrico? (sí, la semana pasada)

22. ¿Cuántos exámenes de química les ha dado Ud. a sus estudiantes este año? (uno)

23. ¿Cuándo corrige Ud. los exámenes? (los sábados)

24. ¿Qué le gusta más a Ud., enseñar física o matemáticas? (física)

25. ¿Hacen Uds. muchos experimentos en su clase de ciencias? (sí)

16

📼 *Con los niños del jardín de infantes*

Los niños entran en la clase corriendo y la maestra se enoja un poco.

MAESTRA	—¡Niños! ¡Niños! Siempre les digo que no entren corriendo.
SUSANA	—¿Nos sentamos en la alfombra, señorita?
MAESTRA	—Sí, pero primero quiero que cuelguen los abrigos.
ROSA	—Señorita, yo quiero que se siente al lado mío. ¿Nos va a contar un cuento?
MAESTRA	—Sí, si se portan bien. Pero necesito que me ayuden y usen la imaginación.
MIRTA	—(*A Carlos, uno de sus compañeros de clase*) ¡Carlos! La señorita quiere que nos sentemos en un círculo...

La maestra les cuenta un cuento, usando unos títeres muy graciosos. Luego saca una caja donde guarda muchas cosas.

MAESTRA	—Ahora vamos a ver si Uds. pueden adivinar lo que tengo en esta caja.
ANTONIO	—¡Yo quiero empezar!
MAESTRA	—No, Antonio. Tú vas a empezar mañana. Hoy va a empezar María. María, quiero que te pares aquí y que saques una cosa de esta caja.
ALBERTO	—¡Dígale que cierre los ojos! ¡Está mirando, señorita! ¿No le va a vendar los ojos?
MAESTRA	—No, no es necesario. (*La niña saca una muñeca.*) Quiero que me digas qué es.
MARÍA	—¡Es una muñeca!
MAESTRA	—¡Muy bien, María! (*A los otros niños*) ¡Niños! ¡Están haciendo demasiado ruido! Quiero que estén callados y presten atención. Hay muchas otras cosas en la caja además de la muñeca.

Los niños sacan muchísimas cosas de la caja: una pelota de tenis, un teléfono, un bloque, una taza para té, etc.

MAESTRA	—Ahora vamos a cantar. A ver... Hoy le toca elegir a Dora. Dora, ¿qué quieres que cantemos?

Dora sugiere una canción. Los niños la cantan y luego cantan varias canciones más. Después arman unos rompecabezas. Cuando suena el timbre para la salida, algunos saltan y corren hacia la puerta.

MAESTRA —¡Niños! Guarden los rompecabezas en el armario. No se olviden de ponerse el abrigo.

ESTELA —Señorita, no encuentro mi chaqueta.

MAESTRA —¿Es ésta? ¿Quieres que te ayude a abrocharla?

ESTELA —Sí... gracias. ¡Hasta mañana, señorita!

MAESTRA —¡Hasta mañana, Estela!

Los niños se van y la maestra se queda sola, recogiendo algunas cosas del suelo. Luego apaga la luz y cierra la puerta.

Vocabulario

COGNADOS

el bloque block
el círculo circle
la imaginación imagination
 necesario(a) necessary, needed
el tenis tennis

NOMBRES

el abrigo coat
la alfombra carpet, rug
la caja box
la canción song
el (la) compañero(a) de clase classmate
el cuento story, short story
la chaqueta, la chamarra (Méx.) jacket
el jardín de infantes (de niños) (Méx.), el kindergarten kindergarten
la muñeca doll
el ojo eye
la pelota ball
el rompecabezas puzzle
el ruido noise
el suelo, el piso floor
la taza cup
el té tea
el títere puppet

VERBOS

abrochar to fasten, to button
adivinar to guess
apagar to turn off
armar to put together, to assemble
cantar to sing
colgar (o:ue) to hang up
contar (o:ue) to tell
correr to run
enojarse to get angry
olvidar(se) (de) to forget (to)
pararse to stand, to stand up
ponerse to put on
quedarse to stay, to remain
sacar to take out
saltar to jump
sugerir (i:ie) to suggest
vendar to blindfold

ADJETIVOS

callado(a)[1]   quiet, silent
demasiado(a)   too, too much
gracioso(a), cómico(a)   funny, comical
solo(a)   alone

OTRAS PALABRAS Y EXPRESIONES

además de   besides, in addition to
al lado   beside, next to
al lado mío   next to me
hacia   toward
tocarle a uno(a)   to be one's turn

Vocabulario adicional

ALGUNOS ARTÍCULOS DE ROPA (*Some articles of clothing*)

la blusa   blouse
la bufanda   scarf
los calcetines, las medias de hombre (*Puerto Rico*), las tobilleras (*Méx.*)   socks
la camisa   shirt
la camiseta   T-shirt
el cinto, el cinturón   belt
la falda   skirt
los guantes   gloves
el impermeable, la capa de agua (*Puerto Rico*)   raincoat
las medias   stockings
los pantalones   pants
el vestido   dress

OTRAS PALABRAS Y FRASES ÚTILES (*Other useful words and phrases*)

la cinta   (cassette) tape
¿Cuáles son diferentes?   Which ones are different?
¿Cuáles son iguales?   Which ones are the same?
encender (e:ie), prender   to turn on
la grabadora   tape recorder
la película   movie, film
¡Qué bien cantan!   How nicely you (*pl.*) sing!
¿Qué palabra rima con...?   What word rhymes with...?
saludar a la bandera   to salute the flag
el televisor   TV set
el video   video
la videograbadora   VCR

---

[1]The diminutive *calladito(a)* may also be used. It is a bit less harsh, and very appropriate for younger students.

Notas culturales

- As part of their efforts to instill respect for authority, some parents in some Spanish-speaking countries teach their children to avoid making direct eye contact when they are being addressed by their teachers, considering it a sign of defiance or provocation. This behavior may lead to misinterpretations in the United States, where direct eye contact is more likely to be regarded as a sign of honesty and directness. Likewise, a Hispanic child who is quiet in the classroom may be mistakenly assumed to be unprepared or lacking in ideas when he or she has simply been taught to show respect by speaking up in class only when called upon by the teacher.

- Traditional educational systems in Spanish-speaking countries often emphasize rote learning and highly structured activities. Some Hispanic children enrolled in U.S. school systems that encourage creative and critical thinking and allow freedom to exercise personal initiative may be confused and unresponsive at first by the sudden freedom of choice.

¿Recuerdan ustedes?

Answer the following questions, basing your answers on the dialogue.

1. ¿Por qué se enoja un poco la maestra?

   _____

2. ¿Qué les dice siempre la maestra a los niños?

   _____

3. ¿Qué quiere Rosa que haga la maestra?

   _____

4. ¿Qué va a hacer la maestra si se portan bien los niños?

   _____

5. ¿Cómo quiere la maestra que se sienten los niños?

   _____

6. ¿Qué quiere Alberto que haga la maestra?

   _____

7. ¿Sabe María lo que sacó? ¿Qué es?

   _____

8. Además de un bloque y una taza, ¿qué otras cosas sacan los niños de la caja?

   _____

9. ¿A quién le toca elegir hoy lo que van a cantar?

   _____

10. ¿Qué hacen varios niños cuando suena el timbre para la hora de salida?

_____

11. ¿Qué deben hacer los niños antes de salir?

_____

12. ¿Qué hace la maestra cuando se queda sola?

_____

Para conversar

With a classmate, take turns asking each other the following questions.

1. ¿Tuvo Ud. alguna vez alumnos del jardín de infantes?

_____

2. ¿Le gusta sentarse al lado de la ventana?

_____

3. ¿Les cuenta Ud. cuentos a sus alumnos?

_____

4. Generalmente, ¿cómo se portan sus alumnos en la clase?

_____

5. ¿Cree Ud. que un maestro necesita tener mucha imaginación?

_____

6. ¿Cuántos compañeros tiene Ud. en esta clase?

_____

7. ¿Usa Ud. a veces títeres para enseñar?

_____

8. ¿Se enoja Ud. cuando sus alumnos hacen ruido? ¿Qué les dice Ud?

_____

9. ¿Les enseña Ud. a sus alumnos a cantar algunas canciones? ¿Cuáles?

_____

10. Cuando su clase termina, ¿salen corriendo sus alumnos?

_____

11. ¿Qué hace Ud. cuando se queda solo(a) en la clase?

_____

12. ¿Apaga Ud. siempre todas las luces antes de salir de la clase?

_____

Vamos a practicar

A. Write the subjunctive form of the following verbs.

1. apagar   ...que yo...   _____

2. contar   ...que ellos...   _____

3. pararse   ...que tú...   _____

4. quedarse   ...que nosotros...   _____

5. estar   ...que usted...   _____

6. empezar   ...que Ernesto...   _____

7. poner   ...que Uds....   _____

8. ir   ...que Carmen y yo... _____

B. Rewrite the following, using the new beginnings and making all the necessary changes. Follow the model.

Modelo: Los niños arman los rompecabezas.

Yo quiero que _____

Yo quiero que **los niños armen los rompecabezas.**

1. La maestra nos cuenta un cuento.

Queremos que_____.

2. Ellas se sientan en la alfombra.

La mamá no quiere que _____.

3. Yo voy con mis compañeros de clase.

Ella me sugiere que _____.

4. Tú traes las pelotas de tenis.

Necesitamos que_____.

5. Nosotros nos enojamos.

Ellos no quieren que _____.

6. Uds. cuelgan los abrigos.

   Les sugiero que _____.

7. Tú te olvidas de guardar los títeres en la caja.

   No quiero que _____.

8. Los niños se quedan callados.

   La maestra quiere que _____.

C. Complete the following sentences with the absolute superlative of the word in parentheses.

1. La muñeca de Susana es _____ . (grande)

2. El títere es _____ . (cómico)

3. Las canciones son _____ . (largas)

4. La maestra es _____ . (alta)

5. Él está _____ . (atrasado)

Conversaciones breves

Complete the following dialogues, using your imagination and the vocabulary from this lesson.

La Srta. Estévez habla con sus alumnos del jardín de infantes.

ANITA —Señorita, ¿puedo sacar las muñecas del armario?

MAESTRA — _____

CARLOS —¿Dónde vamos a sentarnos ahora?

MAESTRA — _____

TERESA —¿Puedo sentarme al lado suyo, señorita?

MAESTRA — _____

DANIEL —Señorita, ¿me toca a mí elegir hoy una canción?

MAESTRA — _____

DANIEL —La canción que aprendimos ayer.

Después de cantar varias canciones, la maestra les dice a los niños que cierren los ojos
y ellos tratan de adivinar qué cosas les da.

MAESTRA —¿Qué es esto, Carlos?

CARLOS — _____

MAESTRA —Muy bien, Carlos, pero no debes tratar de mirar.

RAÚL — _____

MAESTRA —No, hoy no vamos a armar rompecabezas. Marta, ¿dónde está tu chaqueta?

MARTA — _____

MAESTRA —Bueno, ya es la hora de salida. Hasta mañana.

En estas situaciones

What would you say in the following situations? What might the other person say? (One person may play the role of several students.)

1. Tell a student that you want him/her to learn to button up his/her coat.

2. Your students are feeling very energetic today. You tell them that they are making too much noise and that you don't want them to sit on the floor. You prefer that they sit in chairs in a circle.

3. A parent arrives to pick up one of your students who has been exhibiting rambunctious behavior. You suggest to the parent that he/she tell his/her child not to jump in the classroom and not to run to the door when the bell rings.

4. You tell a student that you want him/her to stand next to you, to remain quiet, and to pay attention.

5. You tell your students that they are going to sing a song. One student wants to choose the song, but you tell him/her that it's another student's turn to do so.

Casos

Act out the following scenarios with a partner.

1. Two kindergarten teachers share ideas about classroom activities and materials, and discuss the good behavior of their students as well as some behavioral problems they have with the children.

2. A kindergarten student tells a classmate where the teacher wants them to sit, how to behave, and what they will be doing in class that day.

Un paso más

A. Review the *Vocabulario adicional* in this lesson and name the following articles of clothing.

1. _____	7. _____
2. _____	8. _____
3. _____	9. _____
4. _____	10. _____
5. _____	11. _____
6. _____	12. _____

B. Complete the following sentences appropriately with words from the *Vocabulario adicional.*

1. La palabra *canción* _____ con *lección.*

2. ¿Por qué apagaron el televisor? Quiero que lo _____ otra vez.

3. Ahora vamos a _____ la bandera.

4. Estas palabras son _____, pero estas palabras son diferentes.

5. Fui al cine y vi una _____ interesantísima.

6. Uds. ya saben todas las canciones. ¡Y qué bien _____!

7. Tengo muchísimas cintas, pero no podemos escucharlas porque aquí no hay _____.

8. Por favor, pon el video en la _____ porque vamos a verlo ahora.

17

📼 *Una clase de geometría*

Hoy la Sra. Álvarez va a comenzar el estudio de algunas figuras geométricas, pero antes es necesario que repase algunos conceptos básicos.

MAESTRA	—Rosa, ¿qué es un ángulo?
ROSA	—Es la abertura que forman dos líneas o dos planos que se encuentran en un punto.
MAESTRA	—Bien. ¿Cómo se llama el punto donde se unen las líneas que forman el ángulo?
MARTA	—Se llama vértice.
MAESTRA	—Bien, Marta. ¿Qué es un ángulo recto?
RAÚL	—Es el ángulo formado por dos líneas perpendiculares.
MAESTRA	—Muy bien. ¿Cuánto mide un ángulo recto?
TERESA	—Mide noventa grados.
MAESTRA	—¡Correcto!, Teresa. ¿Qué ángulo forman dos líneas paralelas?
RICARDO	—No forman ningún ángulo, señorita. Las paralelas nunca se encuentran.
MAESTRA	—Muy bien. Me alegro de que sepas tanto. Pedro, ¿cómo se llama la línea que divide el círculo en dos partes iguales?
PEDRO	—Radio, maestra.
TERESA	—No, Pedro. Es el diámetro.
MAESTRA	—¿Cómo encontramos el área de un rectángulo?
AURORA	—Multiplicando el largo por el ancho.
MAESTRA	—¿Y el área de un triángulo?
CARLOS	—Multiplicando la mitad de la base por la altura.
MAESTRA	—¿Cómo encontramos el perímetro de un triángulo?
DIEGO	—Sumando la longitud de sus lados.
MAESTRA	—Bien, Diego. ¿Qué es una circunferencia?
CARMEN	—¡Qué fácil! Es el perímetro del círculo.
MAESTRA	—Muy bien, Carmen, pero es necesario que esperes hasta que te pregunte.
RAÚL	—Señorita, ¿qué es un segmento?
MAESTRA	—Es la parte de una línea entre dos puntos.
MARÍA	—Los segmentos pueden ser rectos o curvos, ¿verdad?
MAESTRA	—Muy bien. Raúl, ¿cómo pueden ser las líneas según su posición?
RAÚL	—Yo no sé, señorita. Falté a clase la semana pasada.
MAESTRA	—Lo sé, Raúl, y quiero hablar de eso contigo después de la clase. Eres un buen alumno, pero es difícil que adelantes si no vienes a clase. Bueno, ¿quién sabe la respuesta?
ANA	—Yo, señorita. Pueden ser verticales, inclinadas y horizontales.
MAESTRA	—Muy bien. Desgraciadamente, no tenemos más tiempo hoy. Continuaremos mañana.

🔖 Vocabulario

COGNADOS

la base base	**inclinado(a)** inclined
el centro center	**paralelo(a)** parallel
la circunferencia circumference	**el perímetro** perimeter
el concepto concept	**perpendicular** perpendicular
el diámetro diameter	**el plano** plane
el estudio study	**la posición** position
la figura figure	**el radio** radius
la geometría geometry	**el segmento** segment
geométrico(a) geometric	**vertical** vertical
horizontal horizontal	**el vértice** vertex
igual equal	

NOMBRES

la abertura opening
la altura height
el ancho width
el ángulo angle
el ángulo recto right angle
el grado degree
el lado side
el largo length

VERBOS

adelantar to progress
alegrarse (de) to be glad, to rejoice (at)
encontrarse (o:ue) to meet (each other)
faltar to be missing
medir (e:i) to measure
unir to unite, to join

ADJETIVOS

curvo(a) curved
mismo(a) self
ninguno[1](a) not any, none
recto(a) straight

OTRAS PALABRAS Y EXPRESIONES

contigo with you (*fam.*)
desgraciadamente unfortunately
entre between, among
¡Qué fácil! How easy!
según according to
tanto(a) so much

---

[1]The final *o* in *ninguno* is dropped when used before a masculine noun (i.e., *ningún ángulo*).

Vocabulario adicional

MÁS PALABRAS RELACIONADAS CON LA GEOMETRÍA (*More words related to geometry*)

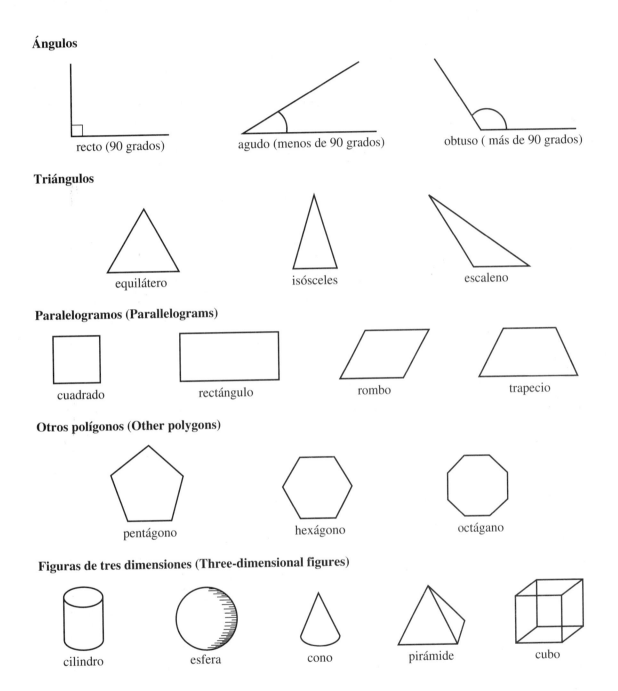

Ángulos

recto (90 grados)

agudo (menos de 90 grados)

obtuso (más de 90 grados)

Triángulos

equilátero

isósceles

escaleno

Paralelogramos (Parallelograms)

cuadrado

rectángulo

rombo

trapecio

Otros polígonos (Other polygons)

pentágono

hexágono

octágano

Figuras de tres dimensiones (Three-dimensional figures)

cilindro

esfera

cono

pirámide

cubo

¿Recuerdan ustedes?

Answer the following questions, basing your answers on the dialogue.

1. ¿Qué va a enseñar la maestra hoy?

    _____

2. ¿Qué necesita hacer antes?

    _____

3. ¿De qué se alegra la maestra?

    _____

4. ¿Qué es necesario que haga Carmen?

    _____

5. ¿Por qué no sabe Raúl la respuesta?

    _____

6. ¿Por qué no pueden continuar la lección hoy?

    _____

Para conversar

With a classmate, take turns asking each other the following questions.

1. ¿Les enseña Ud. geometría a sus alumnos? ¿De qué grado?

    _____

2. ¿Tiene que repasar a veces con sus estudiantes?

    _____

3. ¿Les da Ud. a sus estudiantes exámenes difíciles o fáciles?

    _____

4. ¿Es necesario que sus estudiantes levanten la mano antes de contestar?

    _____

5. ¿Faltan mucho a clase sus estudiantes?

    _____

6. ¿Qué es necesario que hagan sus estudiantes antes de contestar una pregunta?

    _____

7. ¿Qué saben sus alumnos de geometría?

    _____

8. ¿Cómo les explica Ud. a sus alumnos lo que es la circunferencia?

   _____

9. ¿Con qué concepto de geometría tienen más dificultad sus alumnos?

   _____

Vamos a practicar

A. **Rewrite the following, using the new beginnings. Follow the model.**

Modelo: Ella adelanta mucho en geometría.

Me alegro de que _____.

Me alegro de que **ella adelante mucho en geometría.**

1. Los alumnos no saben los nombres de las figuras geométricas.

   Es una lástima que _____.

2. Repasamos los conceptos básicos.

   Es necesario que _____.

3. Mides todos los ángulos.

   No es necesario que _____.

4. Entiende la lección de geometría.

   Es seguro que _____.

5. Él está entre los alumnos.

   Ojalá que _____.

6. ¡Yo estudio tanto!

   ¡Se alegran de que _____!

7. Ellos no adelantan.

   Sentimos que_____.

8. Tú no puedes comenzar ahora.

   Temo que_____.

B. **Complete the following sentences with the adverbial form of the adjectives in parentheses.**

1. _____ (seguro) me va a llamar hoy.

2. Voy a estudiar _____ (nuevo) la lección.

167

3. Él escribe _____ (claro).

4. Ellos comen aquí _____ (general).

5. _____ (desgraciado) no podemos ir.

Conversaciones breves

Complete the following dialogue, using your imagination and the vocabulary from this lesson.

El Sr. Roca repasa con sus alumnos algunos conceptos básicos de geometría.

MAESTRO	—¿Quién recuerda qué es un ángulo recto? ¿Ricardo?
RICARDO	—_____
MAESTRO	—Muy bien. ¿Cómo se llama el punto donde se unen dos líneas que se encuentran? ¿Gonzalo?
GONZALO	—_____
MAESTRO	—Muy bien. Si sumo la longitud de los lados de un cuadrado, ¿qué encuentro?
RAFAEL	—_____
MAESTRO	—Y si en un rectángulo multiplico el largo por el ancho, ¿qué encuentro?
MARGARITA	—_____
MAESTRO	—¿Cómo se llama el perímetro del círculo?
ANA	—_____
MAESTRO	—La circunferencia, ¿es una línea recta o curva?
ESTELA	—_____
MAESTRO	—Bien, desgraciadamente tenemos que terminar. Para mañana estudien qué son las líneas perpendiculares y las líneas paralelas.

En estas situaciones

What would you say in the following situations? What would the other person say? (One person may play the role of several students.)

1. One of your students is giving an oral report about angles to the class. The report must include a definition of an angle and a vertex, as well as an explanation of a right angle.

2. As part of your geometry class, you tell your students how to find the area of a rectangle and a triangle and you introduce them to the concept of perimeter.

3. One of your students has missed too many classes and is not doing his/her work. You encourage your student not to miss any more classes and to study, and you suggest that the two of you meet after class tomorrow so you may help him/her with classwork.

Casos

Act out the following scenarios with a partner.

1. Two students quiz each other before a geometry test.

2. A teacher gives extra help to a student who is having trouble with the concepts of angles and parallel lines.

3. A teacher discusses a student's absences with a parent.

Un paso más

Review the *Vocabulario adicional* in this lesson and write the name of each
figure.

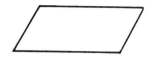

1. _____   2. _____   3. _____

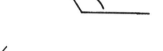

4. _____   5. _____   6. _____

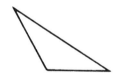

7. _____   8. _____   9. _____

10. _____   11. _____   12. _____

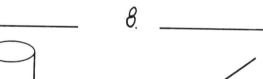
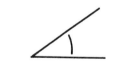
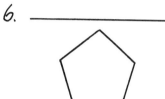

13. _____   14. _____   15. _____

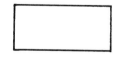

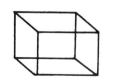

16. _____   17. _____   18. _____

18

🔊 ¡Es la hora del recreo!

La Srta. Paz está vigilando a los niños durante el recreo. Camina por el patio de la escuela para ver si hay alguien que la necesite o algún problema que ella tenga que resolver. Ahora está cerca de los columpios.

SRTA. PAZ	—¡Juancito! No te pares en el columpio. Siéntate.
ROSITA	—¡Ahora me toca a mí! ¡Bájate, Juancito!
SRTA. PAZ	—Cuenta hasta veinticinco y después deja que otro niño use el columpio.
JUANCITO	—¡No hay nadie que quiera usar este columpio! Todos están en las barras...
ROSITA	—¡Bájate! ¡Yo quiero usarlo! ¿Por qué no saltas a la cuerda?
JUANCITO	—¡Déjame en paz!
SRTA. PAZ	—¡Rosita! ¡Cuidado! ¡No te pares delante del columpio!
ADELA	—¡Srta. Paz! José me empujó y me caí. ¡Me lastimé!
SRTA. PAZ	—¡Ay, no llores! Ve a la oficina ahora mismo y dile a la señora Torres que te ponga una curita.
RAÚL	—Srta. Paz, las niñas están tirando arena.
SRTA. PAZ	—Diles que voy a mandarlas a la oficina de la directora si siguen haciéndolo.

Vienen dos niñas: una está comiendo dulces y la otra está mascando chicle.

SRTA. PAZ	—Teresa, pon ese chicle en el basurero. ¡Carmen! ¡No traigas dulces a la escuela!
CARMEN	—Pero Srta. Paz, tengo hambre...
SRTA. PAZ	—No creo que tengas hambre cuando acabas de almorzar...
CARMEN	—Es que... no almorcé. Mamá me preparó un sándwich de atún y a mí no me gusta el atún...
SRTA. PAZ	—Díselo a tu mamá. Ahora ve al aula. Allí en mi escritorio tengo unas galletas. Puedes comerlas.
CARMEN	—¡Gracias, Srta. Paz!
SRTA. PAZ	—¿Adónde vas, Teresa?
TERESA	—Al baño.
SRTA. PAZ	—No vayas a ése. Es el baño de los maestros.

Ya es hora de volver a la clase. Los estudiantes se ponen en fila delante de sus clases y esperan a sus maestros. Pronto el patio está vacío. "¡Qué paz!", dice la Srta. Paz...

▣ Vocabulario

NOMBRES

la arena   sand
el atún   tuna fish
las barras   bars
el basurero   trash can
el columpio   swing
el cuarto   room
la cuerda   rope
la curita   adhesive bandage
el dulce, la golosina   sweet
la galleta (*Méx.*), **la galletita**   cookie
el patio   playground
la paz   peace
el sándwich, el bocadillo (*España*), **el emparedado,
  la torta** (*Méx.*)   sandwich

VERBOS

caer(se)   to fall
dejar   to let, to allow, to leave
empujar   to push
lastimar(se)   to hurt, to get hurt
llorar   to cry
mandar   to send
tirar   to throw
vigilar   to watch

ADJETIVOS

vacío(a)   empty

OTRAS PALABRAS Y EXPRESIONES

cerca de   near
¡Cuidado!   Look out!, Be careful!
¡Déjame en paz!   Leave me alone!
delante de   in front of
es que...   the fact is . . .
nadie   nobody, no one
¡Qué paz!   What peace . . .
saltar a la cuerda   to jump rope
tener hambre   to be hungry

Vocabulario adicional

ALGUNAS COMIDAS Y BEBIDAS (*Some foods and beverages*)

el batido, la leche malteada (Méx.)   milkshake
la hamburguesa   hamburger
el helado de chocolate   chocolate ice cream
el helado de vainilla   vanilla ice cream
el jugo de tomate   tomato juice
las papas fritas   French fries
las papitas   potato chips
el pastel   pie
el perro caliente   hot dog

el sándwich de ensalada de huevo   egg salad
  sandwich
el sándwich de jamón y queso   ham and cheese
  sandwich
el sándwich de mantequilla de maní[1] y jalea[2]
  peanut butter and jelly sandwich
el sándwich de pollo   chicken sandwich
la torta, el bizcocho (*Puerto Rico*)   cake

---

[1]*el cacahuete (Méx.), cacahuate*
[2]*la mermelada*

¿Recuerdan ustedes?

Answer the following questions, basing your answers on the dialogue.

1. ¿Qué está haciendo Juancito en el columpio?

_____

2. ¿Qué quiere Rosita que haga Juancito?

_____

3. ¿Por qué dice Juancito que puede quedarse en el columpio? ¿Tiene razón?

_____

4. ¿Qué le sugiere Rosita a Juancito?

_____

5. ¿Qué no quiere la Srta. Paz que haga Rosita?

_____

6. ¿Cómo se cayó Adela?

_____

7. La maestra va a mandar a las niñas a la oficina. ¿Por qué?

_____

8. ¿De qué era el sándwich que preparó la mamá de Carmen?

_____

9. ¿Qué va a comer Carmen?

_____

10. ¿Por qué dice "¡qué paz!" la maestra?

_____

Para conversar

With a classmate, take turns asking each other the following questions.

1. ¿Cuánto dura el recreo en su escuela?

_____

2. ¿Qué días le toca a Ud. vigilar a los niños durante el recreo?

_____

3. ¿ Hay barras y columpios en su escuela?

_____

173

4. Si un niño se lastima, ¿qué hace Ud.?

_____

5. ¿Sus alumnos se ponen en fila antes de entrar en la clase?

_____

6. ¿Permite Ud. que sus alumnos masquen chicle en la clase?

_____

7. ¿Ud. deja que los niños coman dulces en la clase?

_____

8. ¿Quién le prepara a Ud. el almuerzo?

_____

9. ¿Le gusta a Ud. el atún? ¿Le gusta comer dulces?

_____

10. ¿Salta Ud. a la cuerda para hacer ejercicio?

_____

Vamos a practicar

A. **Rewrite each of these sentences, making any changes required by the cues provided.**

Modelo: Estoy segura de que puede venir.

No estoy segura... .

No estoy segura **de que pueda venir.**

1. Aquí hay muchos niños que saben saltar a la cuerda.

¿Hay alguien aquí _____?

2. Hay dos niños que quieren usar los columpios.

No hay nadie_____.

3. Busco un lugar donde vendan sandwiches de atún.

Conozco _____.

4. Estoy segura de que podemos resolver los problemas.

Dudo _____.

5. Creo que están tirando arena.

No creo _____.

174

6. No dudo que ellos están lastimados.

   Dudo _____.

7. No creo que ella llore mucho.

   Creo _____.

8. Estudian en una escuela que es buena.

   Buscan una escuela _____.

B. Complete each sentence in an original manner using the subjunctive.

1. Dudo que la maestra _____.

2. No es verdad que los niños _____.

3. No hay nadie aquí que _____.

4. No es verdad que mis estudiantes _____.

5. En la clase hay muchos niños que _____.

C. Provide an affectionate form for each of the following names, using a diminutive suffix.

1. Ana _____

2. Beto _____

3. Carmen _____

4. Jesús _____

5. Juan _____

6. Juliana _____

7. Raúl _____

8. Rosa _____

9. Tomás _____

10. Yolanda _____

Conversaciones breves

Complete the following dialogue, using your imagination and the vocabulary from this lesson.

En el patio de la escuela, durante el recreo.

MAESTRA —¡Elenita! ¡Bájate del columpio!

ELENITA — _____

MAESTRA —Porque ahora le toca a Teresa.

ELENITA — _____

TERESA —No, yo no quiero saltar a la cuerda. Yo quiero usar el columpio.

MAESTRA —¡Carmen! ¿Por qué lloras?

CARMEN — _____

MAESTRA —No llores. Ve a ver a la enfermera. Ella te va a poner una curita.

ROSA —Señorita, tengo hambre. ¿Puedo ir a comprar un dulce?

MAESTRA — _____

ROSA —Pero señorita... A mí me gustan los dulces...

RAFAEL — _____

MAESTRA —Sí, Rafael. Ya sonó el timbre. Deben ponerse en fila.

En estas situaciones

What would you say in the following situations? What might the other person say?

You have playground duty at your school. Tell each child what to do or not to do.

a. Pedro is chewing gum and Olga is eating sweets.

b. Roberto is pushing a girl.

c. Juancito is standing on the swing.

d. Paco won't get off the swing and it is María's turn.

e. Raquel is standing in front of a swing.

f. Carlos is throwing sand.

g. Jorge cut himself and needs a bandaid.

h. Beto is walking towards the teachers' bathrooms.

i. Marta's hands are dirty.

j. Teresa isn't eating her lunch.

Casos

Act out the following scenarios with a partner.

1. Two teachers who are sharing playground duty comment on all the activities and problems they encounter during recess and lunch time.

2. Two students argue over the use of various pieces of playground equipment.

3. A student reports various playground problems to the teacher on duty.

Un paso más

Review the *Vocabulario adicional* in the lesson and help some English-speaking friends by ordering their meals for them in Spanish.

1. *John wants:* _____

    a. a hamburger _____

    b. French fries _____

    c. tomato juice _____

    d. apple pie _____

2. *Bill wants:* _____

    a. a hot dog _____

    b. potato chips _____

    c. orange juice _____

    d. chocolate ice cream _____

3. *Michelle wants:* _____

    a. a chicken salad sandwich _____

    b. grape juice _____

    c. strawberry cake _____

4. *Wendy wants:* _____

    a. a ham and cheese sandwich _____

    b. grapefruit juice _____

    c. vanilla milkshake _____

5. *Jim wants:* _____

    a. a peanut butter and jelly sandwich _____

    b. pineapple juice _____

6. *Sandra wants:* _____

    a. an egg salad sandwich _____

    b. apple juice _____

19

📼 *La clase de educación para la salud*

El Sr. Chávez, maestro de cuarto grado, está en el salón de clase. En cuanto los niños vuelvan del recreo, les va a hablar de algo muy importante: la salud. ¡Ah! Aquí llegan los niños y se sientan, listos para escuchar al maestro.

MAESTRO	—Espero que hayan leído el capítulo diez, como les dije ayer. ¿De qué trata ese capítulo?
ÓSCAR	—De la nutrición y de los buenos hábitos de limpieza.
MAESTRO	—¡Muy bien, Oscar! Una dieta balanceada es esencial para la buena salud. ¿Por qué es eso? ¿Silvia?
SILVIA	—Porque necesitamos comer diferentes clases de alimentos para que nuestro cuerpo tenga las vitaminas que necesita.
MAESTRO	—Sí, es verdad... pero ¿qué otros elementos nutritivos necesita el cuerpo?
ANA	—Proteína, minerales y... y...
MAESTRO	—... Y carbohidratos. ¡Muy bien, Ana! ¿Para qué necesitamos proteína?
ÉSTER	—Para el crecimiento, la reparación y el mantenimiento de los tejidos.
MAESTRO	—¡Excelente, Éster! ¿Y los carbohidratos?
HUGO	—Los carbohidratos dan energía. Tan pronto como llegue a casa voy a comer un pedazo de pastel, porque estoy muy débil.
MAESTRO	—(*Se ríe con los niños.*) Bueno, un pedazo de pastel de vez en cuando está bien. Pero... ¿qué pasa cuando se consumen demasiados carbohidratos y grasas?
TERESA	—El cuerpo retiene lo que no se necesita y lo convierte en grasa.
ALBERTO	—Y entonces la persona engorda...
MAESTRO	—¡Exactamente! En realidad, el cuerpo no necesita mucha grasa. ¿Qué minerales son importantes para la salud?
FEBE	—El hierro, el calcio y el fósforo.
MAESTRO	—Muy bien. Hay catorce minerales que son esenciales para una buena dieta.
CARLOS	—También es importante comer despacio y masticar bien la comida.
MAESTRO	—Me alegro de que te hayas acordado de eso, Carlos. Es muy importante. ¿Qué otras cosas son importantes?
RAÚL	—Practicar deportes... hacer ejercicio...
NORA	—También necesitamos aire puro. Un cuarto debe tener buena ventilación.
ESTELA	—La limpieza es muy importante...
MAESTRO	—¡Muy bien! La higiene personal es importantísima. ¿Qué se debe hacer todos los días?
MARÍA	—¡Bañarse! Y cepillarse los dientes tres veces al día, y lavarse las manos antes de comer.

ANA	—Mamá no nos permite sentarnos a la mesa a menos que nos lavemos las manos...
MAESTRO	—¡Muy bien! Mañana vamos a hablar de algunas enfermedades y de cómo prevenirlas. Ya saben el dicho: "Es mejor prevenir que curar."

Vocabulario

COGNADOS

el aire air	**el hábito** habit
balanceado(a) balanced	**el mineral** mineral
el calcio calcium	**la nutrición** nutrition
el carbohidrato carbohydrate	**personal** personal
la dieta diet	**la proteína** protein
esencial essential	**la ventilación** ventilation
el fósforo phosphorus	**la vitamina** vitamin

NOMBRES

el capítulo chapter
el crecimiento growth
el deporte sport
el dicho saying
el diente tooth
la enfermedad sickness, disease
la grasa fat
el hierro iron
la limpieza cleanliness
el mantenimiento maintenance
el pastel pie
el pedazo, el trozo piece
la reparación repair
la salud health
el tejido tissue
la vez time (in a series)

VERBOS

acordarse (o:ue) to remember
bañarse to bathe
cepillar(se) to brush
consumir to consume
convertir (e:ie) (en) to turn into
curar to cure
engordar to get fat
lavar(se) to wash
permitir to allow, to let, to permit
prevenir[1] to prevent
reír(se)[2] to laugh
retener[3] to retain
tratar (de) to deal (with), to be about

---

[1]Conjugate like *venir*.
[2]Present indicative: *(me) río, (te) ríes, (se) ríe, (nos) reímos, (se) ríen*
[3]Conjugate like *tener*.

ADJETIVOS

débil   weak
nutritivo(a)   nourishing
puro(a)   pure, fresh

OTRAS PALABRAS Y EXPRESIONES

al día   a day, per day
a menos que   unless
despacio   slowly
de vez en cuando   from time to time
en cuanto, tan pronto como   as soon as
en realidad   in fact, in reality
exactamente   exactly
hacer ejercicios   to exercise
practicar deportes   to take part in sports

Vocabulario adicional

ALGUNOS DEPORTES QUE PRACTICAMOS (*Some sports we play*)

el básquetbol, el baloncesto   basketball
el béisbol   baseball
el fútbol   soccer
el fútbol americano   football
la gimnasia   gymnastics
la natación   swimming
el vólibol   volleyball

ALGUNAS ENFERMEDADES (*Some diseases*)

la difteria   diphtheria
las paperas   mumps
la polio   polio
la rubeola   German measles, rubella
el sarampión   measles
el tétano   tetanus
la tos ferina   whooping cough
la varicela   chicken pox
la viruela   small pox

OTRAS PALABRAS ÚTILES

alérgico(a)   allergic
contagioso(a)   contagious
enfermo(a)   sick, ill
estar vacunado(a) contra   to be vaccinated against
la medicina   medicine
los piojos   head lice
la vacunación   vaccination

Notas culturales

In Spanish-speaking countries, the separation of roles played by parents and educators in a child's life has traditionally been more rigidly defined than in the United States. The parents' job is to teach respect for authority and social skills such as cooperation and discipline; the teacher's job is to impart knowledge. The notion that parents are their child's first teachers may be an unfamiliar one to many less acculturated Hispanic parents depending upon their level of education. Some Hispanic children in the United States start school without having learned such academic basics as the alphabet or counting numbers and with little exposure to books. Less than 25% of Hispanic children in the United States have any preschool or day care experience before entering kindergarten. Once their children are in school, some Hispanic parents who look upon their children's teachers as experts not to be challenged may assume that they have no role to play in school unless their children are having problems.

¿Recuerdan ustedes?

Answer the following questions, basing your answers on the dialogue.

1. ¿Qué grado enseña el Sr. Chávez?

_____

2. ¿De qué les va a hablar el Sr. Chávez a los niños en cuanto vuelvan del recreo?

_____

3. ¿De qué trata el capítulo diez?

_____

4. ¿Qué va a hacer Hugo en cuanto llegue a su casa?

_____

5. ¿Qué dice Raúl que es importante?

_____

6. ¿Qué dice Nora que necesitamos?

_____

7. ¿Qué dice María que se debe hacer todos los días?

_____

8. ¿De qué van a hablar mañana en la clase del Sr. Chávez?

_____

9. ¿Qué dicho menciona el maestro?

_____

Para conversar

With a classmate, take turns asking each other the following questions.

1. ¿Qué cree Ud. que es esencial para la buena salud?

_____

2. ¿Qué hábitos de higiene personal cree Ud. que son importantes?

_____

3. ¿Sabe Ud. qué necesitamos para el mantenimiento, la reparación y el crecimiento de los tejidos?

_____

4. ¿Tiene Ud. una dieta balanceada?

_____

5. ¿Qué comidas cree Ud. que engordan mucho?

_____

6. ¿Qué actividades (*activities*) tienen sus alumnos? ¿Son buenas para la salud?

_____

7. ¿Come Ud. un pedazo de pastel de vez en cuando?

_____

8. ¿Qué hace Ud. cuando se siente débil?

_____

9. ¿Practica Ud. deportes? ¿Cuáles?

_____

10. ¿Tiene buena ventilación la aula de Uds?

_____

11. ¿Les habla Ud. a sus alumnos de los buenos hábitos de limpieza?

_____

12. ¿Se ríe Ud. con sus alumnos a veces? ¿De qué?

_____

13. ¿Qué va a hacer Ud. en cuanto llegue a su casa?

_____

14. ¿Les dice Ud. a sus alumnos que se laven las manos antes de comer?

_____

15. ¿Qué hace Ud. si uno de sus alumnos no se baña?

_____

16. ¿Toma Ud. vitaminas? ¿Cuáles y para qué son?

_____

Vamos a practicar

A. Complete the following sentences with the indicative or the subjunctive of the verbs in parentheses.

1. Vamos a tener la clase de educación para la salud tan pronto como él _____ (regresar).

2. Necesitas seguir una dieta balanceada para que tu cuerpo _____ (tener) las vitaminas necesarias.

3. Ellos siempre se cepillan los dientes cuando _____ (terminar) de comer.

4. No puede comer a menos que _____ (lavarse) las manos.

5. No me permite salir hasta que _____ (terminar) la limpieza.

6. Voy a tratar de salir sin que los niños _____ (verme).

7. Ella siempre me espera hasta que yo _____ (terminar).

8. Voy a hacer ejercicio con tal que tú también _____ (hacerlo).

B. Rewrite each of the sentences, making any changes required by the cues provided.

1. Él no ha tenido una dieta balanceada.

   Temo (*I fear*) que _____.

2. Los niños han vuelto del recreo.

   Dudo que _____.

3. Tú no te has lavado las manos.

   No es verdad que _____.

4. Yo he leído la lección.

   Ellos dudan que yo _____.

5. Nosotros hemos limpiado el cuarto.

   No creen que _____.

6. Él no ha venido hoy.

   Sentimos que él _____.

Conversaciones breves

Complete the following dialogue, using your imagination and the vocabulary from this lesson.

Los niños han terminado de estudiar el capítulo que trata de la salud, y la maestra les hace algunas preguntas para ver si lo han comprendido.

MAESTRA —_____

INÉS —Debemos cepillarnos los dientes tres veces al día.

MAESTRA —_____

RITA —No, nuestro cuerpo no necesita mucha grasa.

MAESTRA —_____

FLORA —Los carbohidratos nos dan energía.

MAESTRA —_____

TOMÁS —Necesitamos las proteínas para el crecimiento y el mantenimiento de los tejidos.

MAESTRA —_____

FERNANDO —Son minerales muy importantes.

MAESTRA —_____

PACO —Debemos bañarnos y cepillarnos los dientes todos los días.

En estas situaciones

What would you say in the following situations? What might the other person say? (One person may play the role of several students.)

1. You explain to your students the relationship between a balanced diet and good health and why their bodies need vitamins, protein, minerals, and carbohydrates.

2. One of your students asks you what the saying "An ounce of prevention is worth a pound of cure" means, and you explain by mentioning the need to get fresh air, to exercise, to take part in sports, and to practice good habits of personal hygiene.

185

Casos

Act out the following scenarios with a partner.

1. A teacher and a student discuss nutrition.

2. A teacher shares his/her views on personal hygiene with a group of parents.

3. Two students analyze their lunches to see how nutritious they are.

Un paso más

Review the *Vocabulario adicional* in this lesson and complete the following sentences, using the Spanish equivalent of the words in parentheses.

1. No jugamos al _____ (*soccer*); jugamos al _____ (*football*).

   También nos gusta mucho la _____ (*gymnastics*).

2. La _____ (*whooping cough*) y la _____ (*chicken pox*) son enfermedades

   muy _____ (*contagious*).

3. Mis hijos _____ (*are vaccinated against*) el _____ (*tetanus*),

   la _____ (*polio*) y la _____ (*diphtheria*).

4. No podemos jugar al _____ (*basketball*) ni al _____ (*volleyball*)

   porque no tenemos las pelotas.

5. ¿Es Ud. _____ (*allergic*) a alguna _____ (*medicine*)?

6. Mis _____ (*sports*) favoritos son la _____ (*swimming*) y el

   _____ (*baseball*).

7. Cuando yo era niña, tuve _____ (*mumps*) y _____ (*German measles*).

8. Mañana tengo que traer a la escuela mi récord de _____ (*vaccination*).

9. Mi hijo menor está muy _____ (*sick*). Tiene _____ (*measles*).

10. Algunos niños tienen _____ (*head lice*).

20

🔲 ¡Trabajemos juntos!

La Srta. García, vicedirectora de la escuela, está hablando con un grupo de padres sobre algunas de las reglas de la escuela, y está pidiéndoles su cooperación para que, juntos, padres y maestros, puedan hacer que los niños se beneficien y aprovechen bien el año escolar.

SRTA. GARCÍA	—Un problema que tenemos es que algunos niños llegan a la escuela demasiado temprano. Si están aquí una hora antes de que empiecen las clases, no tienen supervisión.
SRA. VARGAS	—Yo tengo que ir a trabajar, y no quiero dejar a mi hija sola en casa.
SRTA. GARCÍA	—Comprendo, pero sería mejor si su hija pudiera quedarse en la casa de alguna amiga o vecina hasta la hora de venir a la escuela.
SR. TORRES	—Srta. García, mi hijo trajo su bicicleta el mes pasado y se la robaron...
SRTA. GARCÍA	—Si los niños vienen en bicicleta, tienen que tener un candado y ponerlas en el lugar donde se guardan las bicicletas.
SRA. GÓMEZ	—Mi hijo viene en el autobús escolar, y el otro día lo perdió y tuvo que quedarse en casa.
SRTA. GARCÍA	—¡Qué lástima! Eso no pasaría si el niño estuviera en la parada de autobuses unos diez minutos antes de la llegada del autobús.
SR. SOTO	—El otro día mi hija llegó tarde porque tuvo que ir al dentista y la maestra la dejó sin recreo.
SRTA. GARCÍA	—Si un niño tiene cita con el médico o con el dentista, hagan el favor de darle una notita para el maestro.
SRA. VARGAS	—¿Y si mis hijos estuvieran enfermos pero no fueran al médico?
SRTA. GARCÍA	—Nosotros les dijimos a los niños que siempre trajeran una nota de los padres al volver a la escuela, explicando la razón de la ausencia.
SR. TORRES	—Bueno, cambiando de tema... yo creo que el almuerzo de la cafetería es muy caro. Yo tengo tres hijos en la escuela, y es mucho dinero para mí.
SRTA. GARCÍA	—Ud. puede solicitar un almuerzo más barato o gratis, según el sueldo que reciba... Yo puedo darle una planilla para llenar.
SRA. GÓMEZ	—Mi hijo muchas veces pierde el dinero que le doy para el almuerzo.
SRTA. GARCÍA	—Sería mejor si pusiera el dinero en un sobre cerrado antes de dárselo al niño.
SR. SOTO	—Tenemos una sobrina que está de visita en casa. ¿Puede venir a la escuela con mi hija?

SRTA. GARCÍA —Lo siento, Sr. Soto, pero si permitiéramos visitas de niños que no están matriculados en la escuela, los maestros tendrían mucho más trabajo. Además, tendríamos problemas con el seguro.

Al final de la reunión, la Srta. García les agradece a los padres que hayan venido y les pide que, si es posible, trabajen como voluntarios para ayudar a los niños de la escuela.

Vocabulario

COGNADOS

la bicicleta bicycle	**posible** possible
la cooperación cooperation	**la supervisión** supervision
el (la) dentista dentist	**el (la) voluntario(a)** volunteer
el minuto minute	

NOMBRES

el almuerzo lunch
el (la) amigo(a) friend
la ausencia, la falta (*Méx.*) absence
el candado padlock
la casa house
la cita appointment
el día day
el dinero money
la llegada arrival
el (la) médico(a) doctor, M.D.
el mes month
los padres parents
la parada stop
la planilla, la forma, el formulario (*Puerto Rico*) form
la razón reason
la reunión, la junta meeting, get-together
el seguro, la aseguranza (*Méx.*) insurance
el sobre envelope
la sobrina niece
el sobrino nephew
el sueldo salary
el tema subject, topic
el (la) vecino(a) neighbor
el (la) vicedirector(a) vice-principal

VERBOS

agradecer[1] to thank
aprovechar to make good use of, to take advantage of
beneficiarse to benefit
comprender to understand
llenar to fill, to fill out
matricularse to enroll, to register
perder (e:ie) to miss (i.e. the bus), to lose
recibir to receive
robar to steal
solicitar to apply (for)

---

[1]Irregular first person: *yo agradezco*

188

ADJETIVOS

caro(a) expensive
cerrado(a) sealed, closed
enfermo(a) sick, ill
escolar school, scholastic, school-related
gratis free (of charge)
juntos(as) together
matriculado(a) enrolled, registered

OTRAS PALABRAS Y EXPRESIONES

de visita visiting
haga(n), (haz) el favor (de + infinitivo) please (do _____)
lo siento. I'm sorry.
llegar temprano[1] to be early
¡Qué lástima! That's too bad!, What a pity!

Vocabulario adicional

COSAS QUE DIRÍA AL HABLAR CON UN PADRE
(*Things you would say when speaking to a parent*)

Su hijo(a) tiene que...

aprender a respetar la propiedad de otros
  learn to respect other people's property
asistir a clase regularmente attend class
  regularly
devolver los libros de la biblioteca return
  library books
repetir el _____ grado, año (Méx.) repeat
  the _____ grade
ser más considerado(a) con sus compañeros
  be more considerate with his/her classmates
terminar el trabajo en el tiempo asignado finish
  the work in the allotted time
volver a tomar el examen take the exam again

Su hijo(a)...

es muy amistoso(a) is very friendly
es muy inteligente is very intelligent
es muy popular is very popular
es muy trabajador(a) is very hard-working
está en el grupo más adelantado is in the most
  advanced group
ha mejorado mucho has improved a great deal
pasa al _____ grado is promoted to the
  _____ grade
tiene muchas ideas interesantes has many
  interesting ideas
**Es (Ha sido) un placer tener a _____ en
  mi clase.** It is (It has been) a pleasure having
  _____ in my class.

¿Recuerdan ustedes?

Answer the following questions, basing your answers on the dialogue.

1. ¿Para qué necesita la vicedirectora la cooperación de los padres?

  _____

2. ¿Dónde sería mejor que se quedara la hija de la Sra. Vargas?

  _____

3. ¿A quién le robaron la bicicleta el mes pasado?

  _____

_____
[1]**llegar tarde:** *to be late*

4. ¿Qué deben hacer los niños que vienen a la escuela en bicicleta?

_____

5. El otro día, el hijo de la Sra. Gómez tuvo que quedarse en casa. ¿Por qué?

_____

6. ¿Qué les sugiere la Srta. García a los niños que vienen en autobús?

_____

7. ¿Por qué llegó tarde a clase la hija del Sr. Soto?

_____

8. ¿Cuándo deben traer los niños una nota de sus padres?

_____

9. ¿Qué dice el Sr. Torres sobre el almuerzo en la cafetería? ¿Qué puede solicitar él?

_____

10. ¿Qué sería mejor que hiciera la Sra. Gómez antes de darle el dinero a su hijo?

_____

Para conversar

With a classmate, take turns asking each other the following questions.

1. ¿Cómo se llama el director (la directora) de su escuela? ¿Y el (la) vicedirector(a)?

_____

2. ¿Cree Ud. que sus alumnos aprovechan bien el año escolar?

_____

3. Generalmente, ¿sus estudiantes llegan a la escuela demasiado tarde o demasiado temprano?

_____

4. Si un alumno llegara tarde, ¿lo dejaría Ud. sin recreo?

_____

5. ¿Cuántos alumnos están matriculados en su clase?

_____

6. ¿Permitiría su director(a) que un niño que no estuviera matriculado en la escuela asistiera a su clase?

_____

7. ¿Les pide Ud. a los padres de sus alumnos que trabajen como voluntarios en
    su clase?

    _____

8. ¿Les agradece Ud. a los padres su cooperación?

    _____

9. Si Ud. tuviera que mandarles una nota a los padres de un alumno, ¿podría
    escribirla en español?

    _____

10. ¿Va Ud. a la escuela en bicicleta, en autobús o en coche?

    _____

11. ¿Cree Ud. que los maestros reciben un buen sueldo?

    _____

12. ¿Cree Ud. que ha aprendido bastante (*enough*) español en esta clase?

    _____

Vamos a practicar

**A. Rewrite the following sentences, using the new beginnings provided
and making all necessary changes.**

1. Quiere que yo traiga un candado.

    Quería _____.

2. No creo que tú sepas llenar la planilla.

    No creía _____.

3. No es verdad que estén de visita en casa.

    No era verdad _____.

4. Esperamos que se matriculen esta semana.

    Esperábamos _____.

5. Quieren que esperemos la llegada de los estudiantes.

    Querían _____.

6. Te sugiero que llames al vicedirector.

    Te sugerí _____.

7. No hay nadie que me comprenda.

No había nadie _____.

8. Busco un voluntario que nos ayude.

Buscaba _____.

B. **Answer the following questions, using *si* and the appropriate form of the verbs provided in parentheses.**

Modelo: ¿Por qué no compras la bicicleta? (tener dinero)

La compraría si tuviera dinero.

1. ¿Por qué no llamas al médico? (estar enfermo)

_____

2. ¿Por qué no llenas la planilla? (saber llenarla)

_____

3. ¿Por qué no le pones un candado a la bicicleta? (tenerlo)

_____

4. ¿Por qué no vas a clase? (poder)

_____

5. ¿Por qué no llamas a la vicedirectora? (estar en la escuela)

_____

Conversaciones breves

Complete the following dialogue, using your imagination and the vocabulary from this lesson.

El maestro de quinto grado tiene hoy una reunión con los padres de sus alumnos.

SRA. PAZ —_____

MAESTRO —No, es mejor que no llegue demasiado temprano porque entonces no tiene supervisión.

SRA. PAZ —_____

MAESTRO —Si Ud. empieza a trabajar muy temprano, podría dejarla en casa de una vecina o una amiga.

SR. LÓPEZ —_____

MAESTRO —Los niños deben estar en la parada de autobuses diez minutos antes de la llegada del autobús.

SRA. ROCA —_____

MAESTRO	—Si un niño no viene a clase, debe traer una nota al día siguiente, explicando su ausencia.
SR. DÍAZ	—_____
MAESTRO	—¡Qué lástima! Siento mucho que le robaran la bicicleta.
SR. PÉREZ	—_____
MAESTRO	—¡Buena idea! Todos los niños deberían tener un candado para la bicicleta.
SRA. GÓMEZ	—_____
MAESTRO	—Si Ud. no puede pagar el almuerzo, debe llenar una forma para pedirlo gratis.
SR. ROJAS	—Cambiando de tema... ¿Ud. permite que un niño que no esté matriculado en esta escuela asista a su clase?
MAESTRO	—_____
SRA. DÍAZ	—Ud. tiene razón. Eso sería un problema.
MAESTRO	—Muchas gracias por estar aquí con nosotros.

En estas situaciones

What would you say in the following situations? What would the other person say? (One person may play the role of several students.)

At the request of your principal, you are addressing a group of parents at a PTA meeting. You start your speech by asking the parents for their cooperation so that the children will benefit and will make good use of the school year. Before you close your speech by thanking the parents for coming, you explain some of the school's regulations and you give them some suggestions.

a. Children should not get to school too early because they don't have any supervision.

b. It is suggested that children who bring their bicycles to school have a padlock.

c. Many children miss the bus, and that would not happen if they were at the bus stop early.

d. If a child has a doctor's appointment, he/she should bring a note from his/her parents explaining the reason for being late or for being absent.

e. A parent may apply for a cheaper or free lunch for his/her children, according to his/her salary.

f. Many children lose their lunch money, so it is suggested that parents put lunch money in a sealed envelope before giving it to the child.

Casos

Act out the following scenarios with a partner.

1. A principal and a parent discuss various problems. The principal explains school regulations and offers solutions.

2. A parent approaches his/her child's teacher about the price of school lunches.

3. Two parents make arrangements for getting their children to school on time.

Un paso más

Review the *Vocabulario adicional* in this lesson and write Spanish statements that you might use in parent-teacher conferences if your students were exhibiting these behaviors.

1. Oscar misses too many classes, takes library books home, and never brings them back.

   _____

   _____

2. Elena always works diligently and is very friendly.

   _____

   _____

3. Luis is very intelligent and is now in the highest reading group, but he needs to be more considerate of others.

   _____

   _____

4. Alicia never finishes her work on time. She also often borrows others' supplies without returning them.

   _____

   _____

5. Teresa is now doing much better. She's promoted to the fifth grade.

   _____

   _____

6. Ramón didn't do well on the proficiency test and he might have to be retained in the fourth grade.

   _____

   _____

7. Antonio always contributes interesting ideas during class discussions. All the other children like him.

   _____

   _____

8. Ana is a child that you enjoy having in your class.

   _____

   _____

Repaso

LECCIONES 16–20

PRÁCTICA DE VOCABULARIO

A.   Circle the word or phrase that does not belong in each group.

1. basurero, barras, columpio

2. paz, guerra, arena

3. empujar, observar, vigilar

4. estudio, diámetro, radio

5. muy bien, excelente, mal

6. reunión, candado, junta

7. cuento, contar, cantar

8. base, dicho, altura

9. concepto, idea, bloque

10. línea, segmento, ancho

11. desgraciadamente, qué lastima, en realidad

12. ventilación, aire puro, curita

13. personal, solo, juntos

14. ¡Cuidado!, ¡No te lastimes!, ¡Ven aquí!

15. asiste a clases, viene mañana, está matriculado

B.   Circle the word or phrase that best completes each sentence.

1. En una dieta balanceada necesitamos (carbohidratos, ventilación, hábitos) y proteínas.

2. Para jugar tienen (muñecas, citas, cuentos) y pelotas.

3. Debe (cepillarse, consumirse, convertirse) los dientes tres veces al día.

4. Es necesario tener buenos hábitos de higiene y nutrición para el mantenimiento de la (grasa, limpieza, salud).

5. Encontramos el área de un triángulo multiplicando la mitad de la base por (la altura, el lado, la abertura).

6. Si comes demasiados dulces vas a (engordar, reírte, mandar).

7. Es mejor (permitir, retener, prevenir) que curar.

8. El calcio y el fósforo son minerales (débiles, graciosos, esenciales) para la salud.

9. Esa línea no es horizontal ni vertical; es (nutritiva, inclinada, vacía).

10. El lugar donde se unen los lados de un ángulo se llama (área, vértice, plano).

11. Te voy a (vender, vendar, adivinar) los ojos.

12. Voy a (correr, armar, apagar) la luz.

13. No me puedo (abrochar, parar, enojar) la chaqueta. Haz el favor de ayudarme.

14. Me (lastimé, quedé, olvidé) de traer los libros.

15. Siéntate aquí, en la alfombra, (según, hacia, al lado) mío.

16. Los niños se portan mal cuando no tienen (punto, tema, supervisión).

17. ¿Quieres tomar una clase en la universidad? Ve a (beneficiarte, sentarte, matricularte) hoy mismo.

18. Los niños deben ponerse en fila delante (de la razón, de la clase, del sobre).

19. Quiero (solicitar, aprovechar, robar) la oportunidad para hablar con los padres.

20. Si faltó a clase, tiene que traer (una nota, títeres, imaginación) de los padres.

C. Match the questions in column A with the answers in column B.

A

1. ¿Dónde pusiste el rompecabezas?
2. ¿Qué vas a preparar para el almuerzo?
3. ¿Por qué hay tanto ruido en tu cuarto?
4. ¿Tiene un buen sueldo?
5. ¿Qué te vas a poner?
6. ¿Cómo se llama tu compañero de clase?
7. ¿Qué deporte practicas?
8. ¿Dónde tiraste los papeles?
9. ¿A quién le toca?
10. ¿Qué capítulo estás leyendo?
11. ¿Pudiste resolver el problema?
12. ¿Son paralelas?
13. ¿Crees que tengo razón?
14. ¿Sabes contar en español?
15. ¿Vas a trabajar de voluntario?
16. ¿Qué debo llenar?
17. ¿Por qué llegaste tarde?
18. ¿Qué tengo que dividir?
19. ¿Vienen solos?
20. ¿Vas a comer ahora?

B

_____ a. Sí, tengo hambre.
_____ b. El tercero.
_____ c. No, con sus padres.
_____ d. Sí, estoy de acuerdo.
_____ e. No, perpendiculares.
_____ f. No, gana sólo $30 al día.
_____ g. Sí, hasta mil.
_____ h. No, era muy difícil.
_____ i. Carlos Rivas Soto.
_____ j. En la caja.
_____ k. Esta planilla.
_____ l. En el basurero.
_____ m. Porque estoy jugando con los niños.
_____ n. El tenis.
_____ o. Sándwiches y un pastel.
_____ p. Veinte entre cinco.
_____ q. Perdí el autobús.
_____ r. Sí, porque necesitan mi cooperación.
_____ s. A mí.
_____ t. El abrigo.

D. Crucigrama

HORIZONTAL

3. opuesto (*opposite*) de *barato*

6. entender

7. *swing* en español

10. adjetivo: ausente; nombre: _____

11. visitar: estar de _____

12. No cuesta (cost) nada; es _____

14. opuesto de *vertical*

17. ¡Vete! ¡Déjame en _____!

18. lo que hace el médico

19. después

20. forma

22. Vamos a _____ una canción.

23. verbo: llegar; nombre: _____

26. *sweet*, en español

28. El calcio y el fósforo son _____ muy
    importantes.

30. La leche tiene _____ D.

32. Están en la _____ del autobús.

33. Hoy tengo una _____ con el dentista.

34. adjetivo: enfermo; nombre: _____

36. Voy a saltar a la _____.

38. Para hacer ejercicios, podemos
    practicar _____.

39. Él nunca habla; siempre está _____.

VERTICAL

1. opuesto de *recta*

2. El triángulo y el rectángulo son figuras
   _____.

3. perímetro del círculo

4. opuesto de *reír*

5. opuesto de *rápido*

8. Voy a _____ a la niña a la oficina.

9. mineral muy importante

13. Las líneas _____ nunca se encuentran.

15. La usamos para tomar café.

16. dar gracias

20. trozo

21. largo

24. relativo a la escuela

25. Necesitamos proteína para el crecimiento,
    la reparación y el _____ de los tejidos.

27. verbo: limpiar; nombre: _____

29. Tiene cinco años; va al _____ de infantes.

31. progresar

35. piso

37. permitir

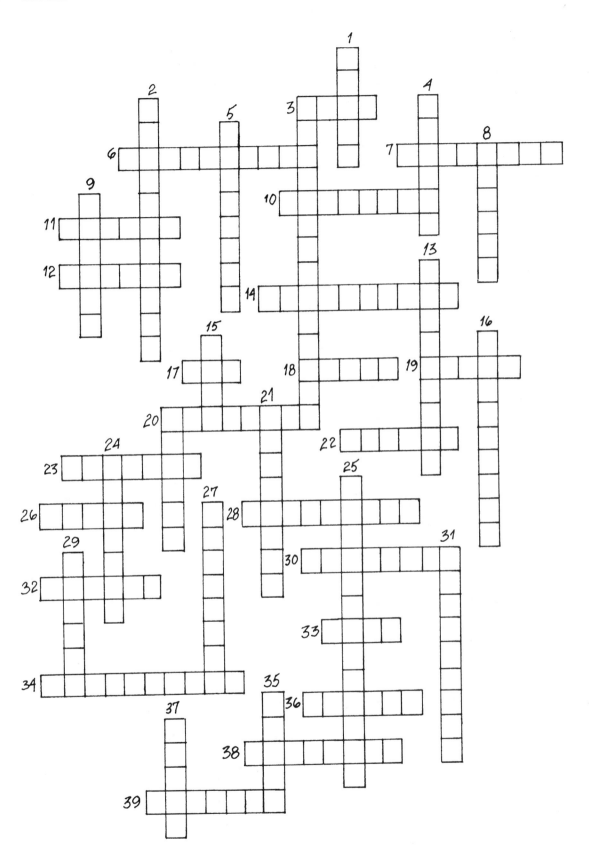

🔲 PRÁCTICA ORAL

Listen to the following exercise on the audio program. The speaker will ask you some questions. Answer each question, using the cue provided. The speaker will verify your response. Repeat the correct answer.

1. ¿De qué les va a hablar Ud. a sus alumnos el lunes? (de la salud)

2. ¿De qué trata el capítulo que Ud. va a enseñar? (de los elementos nutritivos)

3. ¿Qué tipo de dieta debemos tener para tener buena salud? (una dieta balanceada)

4. ¿Qué hace Ud. cuando uno de sus alumnos se corta un dedo? (le pongo una curita)

5. ¿A dónde manda Ud. a sus alumnos cuando se portan mal? (a la oficina de la directora)

6. ¿Le gusta a Ud. armar rompecabezas a veces? (sí)

7. ¿Usa Ud. títeres cuando les cuenta un cuento a sus alumnos? (sí)

8. ¿Quiénes vigilan a los niños durante el recreo? (los maestros)

9. ¿A sus alumnos les gusta más usar los columpios o las barras? (los columpios)

10. ¿Puede asistir un niño a su escuela si no está matriculado? (no)

11. ¿Qué va a hacer Ud. tan pronto como llegue a su casa? (estudiar geometría)

12. ¿Come Ud. dulces y pasteles? (sí, de vez en cuando)

13. ¿Qué le gusta comer cuando tiene hambre? (sándwiches)

14. ¿Es muy caro el almuerzo en la cafetería de la escuela? (no)

15. ¿Cuántas veces por semana hace Ud. ejercicio? (tres veces por semana)

16. ¿Juega Ud. al tenis, al básquetbol o al vólibol? (al tenis)

17. ¿Ud. se baña por la mañana, por la tarde o por la noche? (por la mañana)

18. ¿Cuántas veces al día se cepilla Ud. los dientes? (tres veces)

19. ¿Cuándo fue la última vez que Ud. tuvo una cita con el médico? (el mes pasado)

20. ¿Cuándo va a tener Ud. una reunión con la madre de un estudiante? (la semana que viene)

21. ¿Está adelantando Ud. en la clase de español? (sí, un poco)

22. ¿Siempre llega tarde a clase? (no, nunca)

23. ¿Han cantado Uds. canciones en español en esta clase alguna vez? (sí, muchas veces)

24. ¿Ha leído Ud. un cuento en español alguna vez? (no, nunca)

25. ¿Le gustaría matricularse en otra clase de español? (sí, mucho)

Appendix A

Introduction to Spanish Sounds and the Alphabet

Sections marked with a cassette icon are recorded on the *Introduction to Spanish Sounds* section of the Cassette Program. Repeat each Spanish word after the speaker, imitating as closely as you can.

The Vowels

1. The Spanish **a** has a sound similar to the English *a* in the word *father*. Repeat:

   Ana   casa   banana   mala   dama   mata

2. The Spanish **e** is pronounced like the English *e* in the word *eight*. Repeat:

   este   René   teme   deme   entre   bebe

3. The Spanish **i** is pronounced like the English *ee* in the word *see*. Repeat:

   sí   difícil   Mimí   ir   dividir   Fifí

4. The Spanish **o** is similar to the English *o* in the word *no*, but without the glide. Repeat:

   solo   poco   como   toco   con   monólogo

5. The Spanish **u** is similar to the English *ue* sound in the word *Sue*. Repeat:

   Lulú   un   su   universo   murciélago

The Consonants

1. The Spanish **p** is pronounced like the English *p* in the word *spot*. Repeat:

   pan   papá   Pepe   pila   poco   pude

2. The Spanish **c** in front of **a, o, u, l,** or **r** sounds similar to the English *k*. Repeat:

   casa   como   cuna   clima   crimen   cromo

3. The Spanish **q** is only used in the combinations **que** and **qui** in which the **u** is silent, and also has a sound similar to the English *k*. Repeat:

   que   queso   Quique   quinto   quema   quiso

4. The Spanish **t** is pronounced like the English *t* in the word *stop*. Repeat:

   toma   mata   tela   tipo   atún   Tito

5. The Spanish **d** at the beginning of an utterance or after **n** or **l** sounds somewhat similar to the English *d* in the word *David*. Repeat:

   día   dedo   duelo   anda   Aldo

   In all other positions, the **d** has a sound similar to the English *th* in the word *they*. Repeat:

   medida   todo   nada   Ana dice   Eva duda

6. The Spanish **g** also has two sounds. At the beginning of an utterance and in all other positions, except before **e** or **i**, the Spanish **g** sounds similar to the English *g* in the word *sugar.* Repeat:

   goma   gato   tengo   lago   algo   aguja

   In the combinations **gue** and **gui,** the **u** is silent. Repeat:

   Águeda   guineo   guiso   ligue   la guía

7. The Spanish **j,** and **g** before **e** or **i**, sounds similar to the English *h* in the word *home.* Repeat:

   jamás   juego   jota   Julio   gente   Genaro   gime

8. The Spanish **b** and the **v** have no difference in sound. Both are pronounced alike. At the beginning of the utterance or after **m** or **n,** they sound similar to the English *b* in the word *obey.* Repeat:

   Beto   vaga   bote   vela   también   un vaso

   Between vowels, they are pronounced with the lips barely closed. Repeat:

   sábado   yo voy   sabe   Ávalos   Eso vale

9. In most Spanish-speaking countries, the **y** and the **ll** are similar to the English *y* in the word *yet.* Repeat:

   yo   llama   yema   lleno   ya   lluvia   llega

10. The Spanish **r (ere)** is pronounced like the English *tt* in the word *gutter.* Repeat:

    cara   pero   arena   carie   Laredo   Aruba

    The Spanish **r** in an initial position and after **l, n,** or **s,** and **rr (erre)** in the middle of a word are pronounced with a strong trill. Repeat:

    Rita   Rosa   torre   ruina   Enrique   Israel
    perro   parra   rubio   alrededor   derrama

11. The Spanish **s** sound is represented in most of the Spanish-speaking world by the letters **s, z,** and **c** before **e** or **i.** The sound is very similar to the English sibilant *s* in the word *sink.* Repeat:

    sale   sitio   solo   seda   suelo
    zapato   cerveza   ciudad   cena

    In most of Spain, the **z,** and **c** before **e** or **i,** is pronounced like the English *th* in the word *think.* Repeat:

    zarzuela   cielo   docena

12. The letter **h** is silent in Spanish. Repeat:

    hilo   Hugo   ahora   Hilda   almohada   hermano

13. The Spanish **ch** is pronounced like the English *ch* in the word *chief.* Repeat:

    muchacho   chico   coche   chueco   chaparro

14. The Spanish **f** is identical in sound to the English *f.* Repeat:

    famoso   feo   difícil   fuego   foto

15. The Spanish **l** is pronounced like the English *l* in the word *lean*. Repeat:

dolor   ángel   fácil   sueldo   salgo   chaval

16. The Spanish **m** is pronounced like the English *m* in the word *mother*. Repeat:

mamá   moda   multa   médico   mima

17. In most cases, the Spanish **n** has a sound similar to the English *n*. Repeat:

nada   norte   nunca   entra   nene

The sound of the Spanish **n** is often affected by the sounds that occur around it. When it appears before **b, v,** or **p,** it is pronounced like the English *m*. Repeat:

invierno   tan bueno   un vaso   un bebé   un perro

18. The Spanish **ñ (eñe)** has a sound similar to the English *ny* in the word *canyon*. Repeat:

muñeca   leña   año   señorita   piña   señor

19. The Spanish **x** has two pronunciations, depending on its position. Between vowels, the sound is similar to the English *ks*. Repeat:

examen   boxeo   éxito   exigente

Before a consonant, the Spanish **x** sounds like the English *s*. Repeat:

expreso   excusa   extraño   exquisito

🔊 Linking

In spoken Spanish, the various words in a phrase or sentence are not pronounced as isolated elements, but are combined. This is called *linking*.

1. The final consonant of a word is pronounced together with the initial vowel of the following word. Repeat:

Carlos anda   un ángel   el otoño   unos estudiantes

2. The final vowel of a word is pronounced together with the initial vowel of the following word. Repeat:

su esposo   la hermana   ardua empresa   la invita

3. When the final vowel of a word and the initial vowel of the following word are identical, they are pronounced slightly longer than one vowel. Repeat:

Ana alcanza   me espera   mi hijo   lo olvida

The same rule applies when two identical vowels appear within a word. Repeat:

cooperación   crees   leemos   coordinación

4. When the final consonant of a word and the initial consonant of the following word are the same, they are pronounced as one consonant with slightly longer-than-normal duration. Repeat:

el lado   un novio   Carlos salta   tienes sed   al leer

Rhythm

Rhythm is the variation of sound intensity that we usually associate with music. Spanish and English each regulate these variations in speech differently, because they have different patterns of syllable length. In Spanish the length of the stressed and unstressed syllables remains almost the same, while in English stressed syllables are considerably longer than unstressed ones. Pronounce the following Spanish words, enunciating each syllable clearly.

es-tu-dian-te	bue-no	Úr-su-la
com-po-si-ción	di-fí-cil	ki-ló-me-tro
po-li-cí-a	Pa-ra-guay	

Because the length of the Spanish syllables remains constant, the greater the number of syllables in a given word or phrase, the longer the phrase will be.

Intonation

Intonation is the rise and fall of pitch in the delivery of a phrase or a sentence. In general, Spanish pitch tends to change less than English, giving the impression that the language is less emphatic.

As a rule, the intonation for normal statements in Spanish starts in a low tone, raises to a higher one on the first stressed syllable, maintains that tone until the last stressed syllable, and then goes back to the initial low tone, with still another drop at the very end.

Tu amigo viene mañana.	José come pan.
Ada está en casa.	Carlos toma café.

Syllable Formation in Spanish

General rules for dividing words into syllables are as follows.

Vowels

1. A vowel or a vowel combination can constitute a syllable.

    a-lum-no   a-bue-la   Eu-ro-pa

2. Diphthongs and triphthongs are considered single vowels and cannot be divided.

    bai-le   puen-te   Dia-na   es-tu-diáis   an-ti-guo

3. Two strong vowels (**a, e, o**) do not form a diphthong and are separated into two syllables.

    em-ple-ar   vol-te-ar   lo-a

4. A written accent on a weak vowel (**i** or **u**) breaks the diphthong, thus the vowels are separated into two syllables.

    trí-o   dú-o   Ma-rí-a

Consonants

1. A single consonant forms a syllable with the vowel that follows it.

    po-der   ma-no   mi-nu-to

    NOTE: **ch, ll**, and **rr** are considered single consonants: **co-che, a-ma-ri-llo, pe-rro.**

2. When two consonants appear between two vowels, they are separated into two syllables.

> al-fa-be-to   cam-pe-ón   me-ter-se   mo-les-tia

EXCEPTION: When a consonant cluster composed of **b, c, d, f, g, p,** or **t** with **l** or **r** appears between two vowels, the cluster joins the following vowel: **so-bre, o-tros, ca-ble, te-lé-gra-fo.**

3. When three consonants appear between two vowels, only the last one goes with the following vowel.

> ins-pec-tor   trans-por-te   trans-for-mar

EXCEPTION: When there is a cluster of three consonants in the combinations described in rule 2, the first consonant joins the preceding vowel and the cluster joins the following vowel: **es-cri-bir, ex-tran-je-ro, im-plo-rar, es-tre-cho.**

Accentuation

In Spanish, all words are stressed according to specific rules. Words that do not follow the rules must have a written accent to indicate the change of stress. The basic rules for accentuation are as follows.

1. Words ending in a vowel, **n,** or **s** are stressed on the next-to-the-last syllable.

> **hi**-jo   **ca**-lle   **me**-sa   fa-**mo**-sos
> flo-**re**-cen   **pla**-ya   **ve**-ces

2. Words ending in a consonant, except **n** or **s,** are stressed on the last syllable.

> ma-**yor**   a-**mor**   tro-pi-**cal**   na-**riz**   re-**loj**   co-rre-**dor**

3. All words that do not follow these rules must have the written accent.

> ca-**fé**   **lá**-piz   **mú**-si-ca   sa-**lón**
> **án**-gel   **lí**-qui-do   fran-**cés**   **Víc**-tor
> sim-**pá**-ti-co   rin-**cón**   a-**zú**-car   **dár**-se-lo
> sa-**lió**   **dé**-bil   e-**xá**-me-nes   **dí**-me-lo

4. Pronouns and adverbs of interrogation and exclamation have a written accent to distinguish them from relative pronouns.

> —¿**Qué** comes?   *"What are you eating?"*
> —La pera que él no comió.   *"The pear that he did not eat."*
>
> —¿**Quién** está ahí?   *"Who is there?"*
> —El hombre a quien tú llamaste.   *"The man whom you called."*
>
> —¿**Dónde** está?   *"Where is he?"*
> —En el lugar donde trabaja.   *"At the place where he works."*

5. Words that have the same spelling but different meanings take a written accent to differentiate one from the other.

> el   *the*   él   *he, him*   te   *you*   té   *tea*
> mi   *my*   mí   *me*   si   *if*   sí   *yes*
> tu   *your*   tú   *you*   mas *but*   más *more*

The Alphabet

Letter	Name	Letter	Name	Letter	Name	Letter	Name
a	a	h	hache	ñ	eñe	t	te
b	be	i	i	o	o	u	u
c	ce	j	jota	p	pe	v	ve
ch	che	k	ka	q	cu	w	doble ve
d	de	l	ele	r	ere	x	equis
e	e	ll	elle	rr	erre	y	y griega
f	efe	m	eme	s	ese	z	zeta
g	ge	n	ene				

Appendix B

English Translations of Dialogues

Lección preliminar

Brief Conversations

A. "Good morning, Miss Vega. How are you?"
    "Very well, thank you, Mr. Pérez. And you?"
    "Fine, thank you."

B. "Good afternoon, Doctor Ramírez."
    "Good afternoon, Miss Soto. Come in and have a seat, please."
    "Thank you."

C. "Professor Ortiz: Mr. Méndez."
    "A pleasure (How do you do), Mr. Méndez."
    "The pleasure is mine."

D. "What's the date today?"
    "Today is January fourth."
    "Is today Tuesday?"
    "No, today is Monday."

E. "Hi, how's it going, Pepe?"
    "Fine, and you? What's new?"
    "Not much."

F. "See you later, Marisa."
    "Good-bye, Jorge."

Lección 1

Conversations with the Teacher

The teacher speaks with Mrs. Vera.

TEACHER:	María needs to improve, Mrs. Vera.
MRS. VERA:	She doesn't work much, right?
TEACHER:	No, and she always talks in class.
MRS. VERA:	Does she participate in class?
TEACHER:	Very little. And she doesn't pay attention.
MRS. VERA:	What does she need to study?
TEACHER:	She needs to review the multiplication tables. She also needs to read more.
MRS. VERA:	She always takes homework home.
TEACHER:	Yes, because she never finishes the work here.
MRS. VERA:	Well . . . the child needs help.

At five-fifteen in the afternoon, the teacher speaks with Mr. Alba.

MR. ALBA:	Any problem with José?
TEACHER:	No! José works very well. He already adds, subtracts, and multiplies.
MR. ALBA:	And in reading?

TEACHER:	Well . . . sometimes he doesn't listen to the instructions. And he doesn't participate in group activities.
MR. ALBA:	José works better independently.
TEACHER:	Yes, but sometimes he needs to work with the others.
MR. ALBA:	Yes. Ah! What does the *O* mean in the report card?
TEACHER:	The *O* means "outstanding," the *S*, "satisfactory," and the *N*, "needs to improve."
MR. ALBA:	Very well. Thank you. Where do I sign?
TEACHER:	Here, please.
MR. ALBA:	What time is it, miss?
TEACHER:	It's five-twenty.

Lección 2

At School

Mr. Soto speaks with the children in the classroom. First he calls the roll.

MR. SOTO:	Good-morning, children. How are you?
CHILDREN:	Good-morning, teacher (sir).
MR. SOTO:	(*Calls the roll*) José Flores.
JOSÉ:	Here!
MR. SOTO:	Ana Rodríguez.
CARLOS:	Absent.

After calling the roll.

MR. SOTO:	(*To Carlos*) Do you need a pencil and paper?
CARLOS:	No, teacher (sir), but I need the reading book.
MR. SOTO:	You must always bring the reading book to school, Carlos.
MARÍA:	Teacher (sir), shall I write the date on the board?
MR. SOTO:	Yes, María. Raúl, what's the date today?
RAÚL:	Today is September 25th, teacher (sir).
LUPE:	What pages do we read today, teacher (sir)?
MR. SOTO:	Today you must read pages 13, 14, and 15.
LUPE:	Shall we read aloud?
MR. SOTO:	No, silently . . . Silence, children!

After reading time the children work in groups.

JULIÁN:	Teacher (sir), Alicia and I need colored pencils.
MR. SOTO:	Fine. Here are red, blue, yellow, orange, pink, and brown pencils.
JULIÁN:	Shall I open the window, teacher (sir)?
MR. SOTO:	Yes, please.
CARMEN:	I need to go to the bathroom, teacher (sir).
MR. SOTO:	You must wait a moment, Carmen.
ROSA:	Shall I erase the words on the board, teacher (sir)?
MR. SOTO:	No, not yet. Everybody must copy the vocabulary in the workbook.

The secretary comes in.

SECRETARY: Good morning, Mr. Soto. I'm Amanda García, the new secretary. I need to know if some students are not eating in the cafeteria today.

MR. SOTO: Here's the list, ma'am.

Lección 3

In the Language Arts Class

Mr. Mena's students review the material for the language arts test.

TEACHER: Today's lesson is a review of parts of a sentence.

ANTONIO: What page are the exercises on, teacher (sir)?

TEACHER: On page forty. You must underline the verbs, the nouns, and the adjectives.

TERESA: Should we write sentences with the new words?

TEACHER: Yes, you must write a sentence with each new word.

TOMÁS: How do you spell "Phoenix," teacher (sir)?

TEACHER: P–h–o–e–n–i–x.

TOMÁS: With a capital *P* or a small *P*?

TEACHER: You should always write proper names with capital letters.

JORGE: When is the spelling test, teacher (sir)?

TEACHER: On Friday. Oh! Jorge, where's your composition?

JORGE: It's at my house. It's not finished yet.

ALICIA: Which are the words that we should learn for the spelling test?

TEACHER: All of them. You must also give the meaning of each one.

TERESA: Here are my sentences. Are they all right like this, teacher (sir)?

TEACHER: Yes, very good. Your handwriting is very pretty and very clear.

OSCAR: My work is wrong, right?

TEACHER: No, your sentences are correct, but you must write more carefully.

OLGA: Teacher (sir), I need to use the pencil sharpener.

TEACHER: It's broken. You should go to the office to use the secretary's pencil sharpener.

OLGA: Shall I go now or later?

TEACHER: Now.

RAFAEL: Sir, how do you say "regla" in English?

TEACHER: "Ruler." Rafael, you must learn to look up words in the dictionary. (*To the class*) Now you must put your books away. It's recess time.

Olga returns.

OLGA: Mr. Mena, they want Jorge Rodríguez on the phone. It's an emergency!

TEACHER: Jorge, you must go to the principal's office right now.

Lección 4

In Geography Class

Today the teacher comes to class with maps, posters, and illustrations. She also has a globe. Today's lesson is about the geography of the United States.

TEACHER:	On which continent is our country located?
CÉSAR:	On North America.
TEACHER:	What are the boundaries of the United States?
LUPE:	To the north, it borders Canada, to the south, Mexico, to the east, the Atlantic Ocean, and to the west, the Pacific Ocean.
TEACHER:	Very good! You're very smart! And which is the longest river in the United States?
ROBERTO:	The Mississippi River?
TEACHER:	No, the Missouri River is longer than the Mississippi River. It is the longest one of all.
SARA:	Teacher! The highest mountain is Mount McKinley, right?
TEACHER:	Yes. How many states does our country have, and what is its population?
JOSÉ:	It has fifty states, but I'm not sure about the number of inhabitants.
TEACHER:	About two hundred and fifty million. What is the capital of the United States?
EVA:	New York?
MARTA:	No! Washington, D.C. The president lives there.
TEACHER:	Very good, Marta. We also have a state that is not on the continent. Which is it?
RAFAEL:	Hawaii. My uncle lives there, on the island of Maui, and he is coming next week. He's a professor.
TEACHER:	How nice! How happy you must be! What is the main product of Hawaii?
RAFAEL:	Sugar . . . And it has many volcanoes.
TEACHER:	That's true. Mario, what's the area of the United States?
MARIO:	One million square miles?
TEACHER:	No, much more. It has three million, six hundred eighty-seven thousand, four hundred twenty-eight square miles.
OLGA:	Wow! Is it the biggest country in the world?
TEACHER:	No, but it is one of the biggest. It has many sources of income: agriculture, livestock, industry, fishing, and mining. Well, now we have to put away our books. We have a fire drill.

Lección 5

In Art Class

Today the second-grade students are going to learn how to make a Christmas tree.

TEACHER:	Children, today we're going to make several things with colored paper.
BLANCA:	Teacher, I don't have (any) scissors. Are we going to cut anything?
TEACHER:	Yes. There are scissors and glue in the cabinet (that is) on the right.

SILVIA:	Where is the yarn, teacher?
TEACHER:	On the top shelf, to the left. Okay, we're going to start.
ELBA:	What color paper are we going to use?
TEACHER:	Green. First, we're going to fold the paper in half and draw the tree.
JAVIER:	I don't have the pattern.
TEACHER:	There is one in my top desk drawer.
JAVIER:	Here?
TEACHER:	Yes. (*To the class*) You must put the pattern on the paper and draw a line around the tree.
HILDA:	I don't understand, teacher.
TEACHER:	Like this, with the paper folded. (*To the class*) Now you must cut, following the line of the drawing.
RUBÉN:	Is it ready?
TEACHER:	No, now we're going to cut out small circles of different colors.
GLORIA:	What for?
TEACHER:	We're going to glue the circles on the tree.
YOLANDA:	It's a Christmas tree! How pretty!
TEACHER:	Now we're going to make a felt and cotton Santa Claus.
VICTOR:	Teacher, I'm thirsty.
TEACHER:	You must wait until recess (time) to have a drink of water.

After recess, the children return to the classroom and continue the art class.

TEACHER:	Jaime! You shouldn't chew gum here! (*To the class*) Children, it's aready twenty to three.
JAIME:	Are we going to finish the Santa Claus today?
TEACHER:	No, on Monday. Now you're going to pick up everything and clean the tables. It's time to go.

Lección 6

A Review of Anatomy (Part I)

Next week the students are going to have several tests. On Monday they are having one in anatomy, and now they are reviewing the lessons.

TEACHER:	Today we are going to review anatomy. Does anyone remember what the frame that holds up the body is called? Mario?
MARIO:	It's called the skeleton. The skeleton is made up of bones.
TEACHER:	Very good! What is a joint?
ESTELA:	It is the joining of two or more bones.
TEACHER:	Very good, but you have to raise your hand before answering.
JOSÉ:	Is the knee a joint?
TEACHER:	Yes, and also the elbow. Okay, what moves the bones? Rosa?
ROSA:	Blood?
TEACHER:	It's not blood, Rosa. Blood carries oxygen throughout the body. Anita?
ANITA:	The muscles move the bones.
TEACHER:	Very good, Anita. And what covers all our body? Gonzalo? Don't you remember?
GONZALO:	Clothes.
RAQUEL:	No, no. It's the skin.
TEACHER:	Very good. The skin protects our body against germs.

JUAN:	Teacher, why are there different colors of skin?
TEACHER:	Because the color of the skin depends on the amount of pigment. If a person has a lot of pigment the skin is dark. If she/he has little, it is very light. Okay, with what do we think?
PACO:	With the brain. The brain is inside the head, protected by the bones of the skull.
TEACHER:	Very good. When we eat, where does the food go?
RITA:	First we chew and swallow. Then the food goes to the stomach and from there to the intestines, where digestion ends.
PACO:	When I eat a lot I always get sleepy.
RITA:	Because your body has to work a great deal in order to digest all the food.
TEACHER:	You're answering very well.

The bell rings for dismissal.

TEACHER:	Tomorrow we will continue with the second part. Gonzalo, are you going to review the first part of the lesson with me?
GONZALO:	Yes, teacher, but afterwards I have to go to the library. What time does it close?
TEACHER:	It closes at five. Well, let's get started.

Lección 7

A Review of Anatomy (Part II)

Today the teacher continues with the review of anatomy.

TEACHER:	You are almost ready for the test. Cecilia, can you name the parts of the respiratory system?
CECILIA:	I don't know what they are, teacher.
JOSÉ:	I know . . . they are the nose, the trachea, the bronchial tubes, and the lungs.
TEACHER:	Very good. As you know, you need oxygen to live. What happens when we breathe? Alicia?
ALICIA:	The lungs take in the oxygen to purify the blood.
TEACHER:	What system is the blood a part of? Paco, do you know?
PACO:	Yes, the blood is part of the circulatory system.
TEACHER:	Very good. Also the heart, the arteries, the veins, and the capillaries, as you can see in this illustration . . .
ANITA:	I can't see it, teacher.
TEACHER:	You can come here, to the front. Carlos, why is the heart important?
CARLOS:	Because it is the organ that sends blood to the whole body.
RITA:	I know a man who suffers from heart trouble and now they're going to operate on him.
GERARDO:	Can one live without the heart?
TEACHER:	No. We need it to be able to live . . . Margarita, what elements form the blood?
MARGARITA:	The red blood cells, the white blood cells, and the blood platelets.
TEACHER:	Very good, Margarita. Who can say what blood platelets are good for? Gonzalo?

216

| GONZALO: | To coagulate the blood. |
| TEACHER: | Correct. Okay, tomorrow I'll bring an illustration to study the nervous system. Now let's have lunch. |

Lección 8

A Science Class

Today the teacher is explaining to the students the different kinds of animals that exist in the world.

TEACHER:	The animal kingdom is divided into two groups: the vertebrates and the invertebrates.
ÁNGEL:	Are fish invertebrates, teacher?
TEACHER:	No. Invertebrates don't have a spine. Insects are invertebrates.
INÉS:	Mammals are vertebrates, right, teacher?
TEACHER:	Very good, Inés! Birds, reptiles, amphibians, and fish also belong to that group.
MARÍA:	What is an amphibian?
TEACHER:	An animal that, in the first part of his life, lives in the water and breathes like fish do, and then lives on land and breathes like mammals do.
DIEGO:	Like tadpoles, which are frogs afterwards! I have two. . . . I'm going to ask my mother if I can bring them to class.
TEACHER:	You can bring them tomorrow, if you want. And reptiles? What are some of them?
ANITA:	Snakes, lizards, crocodiles and turtles.
CARMEN:	Birds are reptiles, too.
LUIS:	That's not true! Birds can fly.
TEACHER:	Very good, Luis. What are the characteristics of birds?
OLGA:	I can tell (them to) you! They have feathers and a mouth shaped like a beak.
TEACHER:	That's it! In this illustration we see photographs of different kinds of birds.
ANTONIO:	I know something else! Birds are born from eggs.
TEACHER:	Yes, and mammals are born alive. What other characteristics do mammals have?
ÓSCAR:	They have warm blood and bodies covered with hair.
TEACHER:	And fish?
TERESA:	They are cold blooded, bodies covered with scales, and they breathe through gills.
TEACHER:	Very good! Now we should go to the school library. There are several books about animals there. You can ask Miss Roca for them.

Lección 9

A conference

Mrs. Gómez speaks with her son's teacher.

| TEACHER: | Sit down here, please, Mrs. Gómez. I want to speak with you because Antonio has a few problems. |
| MRS. GÓMEZ: | Yes, I know he's behind in reading. |

TEACHER:	He's improving a little now, but he still doesn't read at grade level.
MRS. GÓMEZ:	He does pay attention in class, doesn't he?
TEACHER:	Sometimes, but many times he's late and he misbehaves in class.
MRS. GÓMEZ:	I don't know what's the matter with him . . . .
TEACHER:	Neither do I. He fights with the other children and hits them. . . .
MRS. GÓMEZ:	Punish him. . . . Keep him at school after class.
TEACHER:	That's not the solution. Try to help him with his homework and come to observe him in class once in a while.
MRS. GÓMEZ:	I can't because I work, but I am going to tell my husband, who doesn't work on Mondays.
TEACHER:	Fine. . . . Does the child eat well? Does he sleep well? Are there problems at home?
MRS. GÓMEZ:	Sometimes he doesn't eat anything in the morning.
TEACHER:	Give him a good breakfast. That's very important.
MRS. GÓMEZ:	Very well. Look, Mr. Soto . . . I think Antonio is intelligent. . . .
TEACHER:	Yes, he has the ability, but since he doesn't try, he's in the lowest reading group.
MRS. GÓMEZ:	I think he also has problems with his vision. Maybe he needs glasses. . . . I need to change mine, so I can make an appointment for him, too.
TEACHER:	Good idea. If these measures aren't sufficient, we can talk about the possibility of doing an evaluation of him to determine if his difficulties are due to a learning disability, like dyslexia.
MRS. GÓMEZ:	Who does these evaluations?
TEACHER:	The school psychologist, and they're free.
MRS. GÓMEZ:	Thank you, Mr. Soto.
TEACHER:	You're welcome, Mrs. Gómez. Thank you for coming. Oh! This is Antonio's report card. Sign it before you leave, please.

Lección 10

A Field Trip to the Botanical Garden

Mr. Ochoa and Mrs. Pérez, teachers at an elementary school, take their second and third grade students on a trip to the botanical garden to teach them something about plants.

MR. OCHOA:	Please, get off the bus and get in line. Stay with us.
MRS. PÉREZ:	Walk in pairs and hold hands.
MR. OCHOA:	Here we're going to see plants from different countries and climates.
PACO:	(*He reads a sign.*) Here is a tree from Cuba. How tall it is!
MRS. PÉREZ:	Trees are the largest plants. Who remembers what the parts of a plant are?
AURORA:	The root, the stem, and the leaves.
CARLOS:	And the flowers and the fruit! I have an orange tree in my backyard. My uncle gave it to me.
MRS. PÉREZ:	Very good, Aurora and Carlos! Where's Raquel?

218

EVA:	She went to the bathroom. She's coming now.
MR. OCHOA:	Why are trees important?
RAMON:	Because they give us wood to make furniture and paper.
MRS. PÉREZ:	Very good. And they also produce oxygen! How do plants get nourishment? Does anybody know?
RAÚL:	With water?
MRS. PÉREZ:	Water helps, but the plant takes part of its nourishment from the soil. . . .
ELENA:	And that goes up the trunk?
MRS. PÉREZ:	Yes, and the leaves use the sunlight to transform it into nourishment for the plant.
JOSE:	I want to go see the cacti. Last year we went to Arizona and I saw many there.
MR. OCHOA:	That's because cacti are desert plants.
TERESA:	I found a seed and someone took it away from me. Who was it?
SARA:	It was Jorge!
MRS. PÉREZ:	No one can take anything out of the botanical garden.

The children spent the whole morning at the botanical garden and they learned a great deal. Now they have to go back to school.

MRS. PÉREZ:	Hurry up because it's windy and it's beginning to rain.
MR. OCHOA:	Let's go this way. Get on the bus and sit down.

Lección 11

Some Spelling Rules

Miss Suárez's students have been preparing for a spelling bee for two weeks. They now continue with the rules.

TEACHER:	Tell me the rules that we must remember about the sound of the letter *c* before the vowels *i* or *e*. Ramón?
RAMÓN:	Before the *e* or the *i* the *c* sounds like *s*.
DORA:	Yes, as in the word *cero*.
TEACHER:	Very good, Ramón and Dora. And what sound does the *c* have before an (the) *a*, an *o*, or a *u*?
MIGUEL:	It sounds like *k*. I know a word with a *c* like that . . . *Car*!
TEACHER:	Very good, Miguel! And how is the word *quizás* spelled? Hilda?
HILDA:	q – u – i – z – a – s.
TEACHER:	No . . . Who remembers the rules for the letter *c*?
DIEGO:	Teacher, I know it! *C* before the letters *i* or *e* sounds like *s*. We spell *quizás* with the letter *q*.
TEACHER:	Very good, Diego. Who knows how to spell *que*?
HILDA:	Q – u – e, right, teacher?
TEACHER:	Yes! Let's see . . . Who can tell us something about the consonant *g*?
MÓNICA:	As in the word *goma*. It has the same sound in the word *gusto*, for example.
TEACHER:	Is that the only way to pronounce it?
MÓNICA:	Yes . . .
SILVIA:	No! There are exceptions. We studied them a week ago. It's pronounced like the letter *j* when it is before an *e* or an *i*.

TEACHER:	Excellent! Let's see, who can spell *geografía*? Various students answer at the same time. Only one person. Mónica?
MÓNICA:	That's easy. *G – e – o – g – r – a – f – í – a!*
TEACHER:	Very good! You learned the rule, Mónica. But . . . I have one more question. What does the *i* in *geografía* have on it? Sandra?
SANDRA:	It has an accent, right?
TEACHER:	Yes, *geografía* has an accent on the penultimate (next-to-last) syllable. You still have to review how adverbs are formed and the past tense of irregular verbs.
SANDRA:	Teacher. I already did the exercises on irregular verbs. Yesterday you said you were going to check them today. . . .
TEACHER:	No. I'm going to correct them tomorrow. Not everybody brought them today.
RAMÓN:	They are very difficult!

Lección 12

A History Class

Today Mrs. Lopez's students are reviewing some of the most important events in the history of the United States.

TEACHER:	Who discovered America?
JOSÉ:	Christopher Columbus discovered it in the year 1492.
SILVIA:	But Columbus never came to the United States, right?
TEACHER:	No, the ones who colonized this country were mainly the English, but there were people of other nationalities.
JOSÉ:	From which countries were they?
TEACHER:	From Spain, France, Holland . . .
MARTA:	But the pilgrims that arrived on the Mayflower were English, weren't they?
TEACHER:	Yes, many people came from England to be free from religious persecution.
CARLOS:	But when were the United States established?
TEACHER:	In the 17th century and at the beginning of the 18th (century), from a group of English colonies which were established on the East coast.
EDUARDO:	Why did people want to come to America?
TEACHER:	Because they knew that there was a lot of cheap land suitable for farming. Who knows what happened in the year 1776?
LUISA:	The independence of the United States was declared.
TEACHER:	Who was the first president and in what year was he elected?
MARIO:	George Washington. He was elected in 1778. Those were the first elections under the constitution.
TEACHER:	Very good. When did the Civil War start and how long did it last?
ANTONIO:	It started in 1861 and it lasted four years.
TEACHER:	Who was the president at that time?
EVA:	Abraham Lincoln. He abolished slavery.
TEACHER:	Good! (*The bell rings.*) For tomorrow, read page 231 in your history book.

This is part of the information that appears on page 231:

At the end of the 19th century and at the beginning of the 20th (century), the United States was already a world power.

In 1914, World War I broke out. The United States tried to remain neutral, but they entered the war in 1917.

During the decade of the twenties there was prosperity in the United States, but in 1929 the depression started.

In 1939 World War II started. The United States was neutral until the year 1941, when the Japanese bombed Pearl Harbor and Congress declared war against Japan. The war ended in 1945.

Lección 13

In Math Class

The students have just arrived in the classroom and the teacher starts math class.

TEACHER:	Now, to review what we already know, we are going to solve a problem. Mr. Pérez was born in 1915 and died in 1982. How old was he when he died? Estéban, which operation do we have to do to solve the problem? Do we have to add or do we have to subtract?
ESTEBAN:	We have to subtract 1915 from 1982, right?
TEACHER:	Very good. Is 5 greater than (>) or less than (<) 2?
GUADALUPE:	It is greater than 2. I know what we have to do! We have to borrow a ten from 8, and add the two units.
TEACHER:	Perfect! Now, how many ones are there?
ROBERTO:	Now there are 12 because one ten has ten ones. Now we can take 5 away from 12. And the answer is 67 years.
TEACHER:	Very good. You really like solving problems, don't you?
ROBERTO:	Yes, teacher, but I don't like studying tables.
TEACHER:	You have to study them! Carlos, how many digits does the number 67 have?
CARLOS:	It has two digits, teacher. The 6 is in the tens place and the 7 is in the ones place.
TEACHER:	Very good, Carlos. Is the answer written in Roman numerals or in Arabic numerals?
CARMEN:	In Arabic numerals. Roman numerals are written with letters.
AURORA:	We use seven letters to write Roman numerals. The I is worth one, V is worth five, X is worth ten, L is worth fifty, C is worth one hundred, D is worth five hundred, and M is worth one thousand.
TEACHER:	Very good, Aurora and Carmen. Now . . . is 67 an even or an odd number?
ESTELA:	It's odd because it is not a multiple of two. You also can say that it is not divisible by two.
ESTEBAN:	Teacher, when are we going to study fractions?
TEACHER:	Soon, Estéban. First we have to study prime numbers and linear measurements; then we can study fractions and decimals.

Lección 14

A Math Review

Mrs. Martínez had told her students that today she was going to give them an exam, but they have requested a review before the exam.

TEACHER:	What are the terms of fractions called?
RAFAEL:	Numerator and denominator.
TEACHER:	What are mixed numbers?
CARMEN:	The ones that are formed by a whole (number) and a fraction.
TEACHER:	How does one reduce a fraction?
ANA:	The numerator and the denominator are divided by the same number.
TEACHER:	What does one do to add or subtract fractions of different denominators?
TERESA:	They are reduced to a common denominator and the numerators are added or subtracted.
TEACHER:	What is the reciprocal of $^4/_5$ (four fifths)?
CARLOS:	$^5/_4$ (Five fourths).
TEACHER:	Is that a proper or an improper fraction?
EDUARDO:	It's an improper fraction because the numerator is greater than the denominator.
TEACHER:	Okay, I see that you have studied fractions very well, but what other type of fraction is there?
RITA:	Decimal fractions.
TEACHER:	What do we use to separate whole numbers from decimals?
RAÚL:	We use the decimal point.
TEACHER:	What is the first place after the decimal point?
ELVIRA:	Tenth.
TEACHER:	What is the equivalent of $^1/_2$ (one half) in decimals?
CARMEN:	It's 0.50 (fifty hundredths), or 0.5 (five tenths).
TEACHER:	And in percentage?
CARMEN:	I know. It's 50% (fifty percent).
TEACHER:	What percentage of 8 is 2?
ESTELA:	It's 25% (twenty-five percent).
CARMEN:	Teacher, you had told us that we didn't have to study percentage for this exam, right?
TEACHER:	No, percentage is also going to (be included in) the exam because we finished that lesson a week ago.
MANUEL:	Teacher, what are the measurements of length that we must study?
TEACHER:	The inch, the foot, the yard, and the mile. You must also know the measurements of the metric system.
RICARDO:	All of them?
TEACHER:	No, only weight measurements.
MARÍA:	The pound, the ounce and the ton?
TEACHER:	No, the gram and the kilogram.

Lección 15

In Science Class

Classes started a week ago, and the teacher wants to find out how much the students remember about science. Now she's going to ask them a few questions about some basic knowledge.

Astronomy:

TEACHER:	What is the Earth?
ÁNGEL:	The Earth is the planet where we live.
TEACHER:	Good. What system is the Earth a part of?
RAÚL:	The solar system.
TEACHER:	What is the moon?
CARMEN:	It is our planet's satellite.
DIEGO:	I would like to take a trip to the moon!
TEACHER:	I suppose that some day we will all be able to travel in space . . . Sonia, what is the sun?
SONIA:	It is a star that gives us energy, light and heat.
TEACHER:	Very good. To which galaxy does the solar system belong?
ROSA:	To the Milky Way.

Physics:

TEACHER:	What are the states in which matter appears in nature?
RAFAEL:	They are three, teacher: solid, liquid, and gas.
TEACHER:	Excellent, Rafael! Raúl, can you give me an example of something in a liquid state?
RAÚL:	Water, teacher.
TEACHER:	What is the change from the liquid state to the gaseous state called?
CARMEN:	It is called evaporation.
TEACHER:	Good. What types of simple machines do you know?
GUSTAVO:	The lever, the pulley, the inclined plane and the lathe.
TEACHER:	Very good, Gustavo.

Chemistry:

TEACHER:	Is kitchen salt a simple or compound body?
EDUARDO:	It is a compound body.
TEACHER:	Pedro, could you tell me what elements are found in salt?
PEDRO:	Chlorine and sodium.
TEACHER:	Very good. What is the scientific name for kitchen salt?
CARLOS:	Sodium chloride.
TEACHER:	Good, Carlos. What is the formula for water?
ESTER:	H_2O.
TERESA:	What does that mean?
TEACHER:	That in each molecule of water there are two atoms of hydrogen and one atom of oxygen.
RITA:	Teacher, how are atoms formed?
TEACHER:	Who could answer Rita?
MARIO:	I know. They are formed by protons, electrons, and neutrons.
TEACHER:	Very good, Mario. You remember a lot about science. I am proud of you! We don't have any more time, but tomorrow we will conduct several experiments with electricity.

Lección 16

With the Kindergarten Children

The children come into the class running and the teacher gets a little angry.

TEACHER:	Children! Children! I'm always telling you not to come in running.
SUSAN:	Shall we sit on the rug, teacher?
TEACHER:	Yes, but first I want you to hang up your coats.
ROSA:	Teacher, I want you to sit next to me. Are you going to tell us a story?
TEACHER:	Yes, if you are good. But I need you to help me and use your imagination.
MIRTA:	(*To Carlos, one of her classmates*) Carlos! The teacher wants us to sit in a circle . . .

The teacher tells them a story, using some very funny puppets. Then she takes out a box where she keeps many things.

TEACHER:	Now we are going to see if you can guess what I have in this box.
ANTONIO:	I want to begin!
TEACHER:	No, Antonio. You are going to begin tomorrow. Today María is going to start. María, I want you to stand here and take one thing out of this box.
ALBERTO:	Tell her to close her eyes! She's looking, teacher. Aren't you going to blindfold her eyes?
TEACHER:	No, it isn't necessary. (*The girl takes out a doll.*) I want you to tell me what it is.
MARÍA:	It's a doll!
TEACHER:	Very good, María! (*To the other children*) Children! You're making too much noise! I want you to be quiet and pay attention. There are many other things in the box besides the doll.

The children take many, many things out of the box: a tennis ball, a telephone, a tea cup, etc.

TEACHER:	Now we're going to sing. Let's see . . . Today it's Dora's turn to choose. Dora, what do you want us to sing?

Dora suggests a song. The children sing it and then they sing various other songs. Afterward they put some puzzles together. When the bell rings, some (children) jump and run towards the door.

TEACHER:	Children! Put the puzzles away in the cabinet. Don't forget to put on your coats.
ESTELA:	Teacher, I can't find my jacket.
TEACHER:	Is it this one? Do you want me to help you button it up?
ESTELA:	Yes . . . Thank you. See you tomorrow, teacher!
TEACHER:	See you tomorrow, Estela!

The children leave and the teacher is (remains) alone, picking up some things off the floor. Then she turns out the light and closes the door . . .

Lección 17

A Geometry Class

Today Mrs. Álvarez is going to begin the study of several geometric figures, but first it is necessary for her to review some basic concepts.

TEACHER:	Rosa, what is an angle?
ROSA:	The opening formed by two lines or two planes meeting in a point.
TEACHER:	Good. What is the point where the lines that form the angle meet called?
MARTA:	It is called the vertex.
TEACHER:	Good, Marta. What is a right angle?
RAÚL:	It is the angle formed by two perpendicular lines.
TEACHER:	Very good. What does a right angle measure?
TERESA:	(It measures) ninety degrees.
TEACHER:	Correct, Teresa! What angle do two parallel lines form?
RICARDO:	They don't form any angle, teacher. Parallels never meet.
TEACHER:	Very good. I'm glad you know so much. Pedro, what do they call the line that divides the circle into two equal parts?
PEDRO:	Radius, teacher.
TERESA:	No, Pedro. It is the diameter.
TEACHER:	How do we find the area of a rectangle?
AURORA:	By multiplying the length by the width.
TEACHER:	And the area of a triangle?
CARLOS:	By multiplying one half of the base by the height.
TEACHER:	How do we find the perimeter of a triangle?
DIEGO:	By adding the length of its sides.
TEACHER:	Good, Diego. What is a circumference?
CARMEN:	How simple! It is the perimeter of the circle.
TEACHER:	Very good, Carmen, but it is necessary that you wait until I ask you.
RAÚL:	Teacher, what is a segment?
TEACHER:	It is the part of a line between two points.
MARÍA:	Segments may be straight or curved, right?
TEACHER:	Very good. Raúl, what can lines be like according to their positions?
RAÚL:	I don't know, teacher. I missed class last week.
TEACHER:	I know, Raúl, and I want to talk with you about that after class. You are a good student, but it is difficult for you to get ahead if you don't come to class. Well, who knows the answer?
ANA:	I (do), teacher. They may be vertical, inclined and horizontal.
TEACHER:	Very good. Unfortunately, we don't have any more time today. We will continue tomorrow.

Lección 18

It's Recess Time!

Miss Paz is watching the children during recess. She walks around the school yard to see if there is anybody who needs her or any problem that she may have to solve. She is now near the swings.

MISS PAZ:	Juancito! Don't stand on the swing. Sit down.
ROSITA:	Now it's my turn! Get off, Juancito!
MISS PAZ:	Count to twenty-five and then let another child use the swing.
JUANCITO:	There's nobody who wants to use this swing! They're all at the bars . . .
ROSITA:	Get off! I want to use it! Why don't you jump rope?
JUANCITO:	Leave me alone!
MISS PAZ:	Rosita! Look out! Don't stand in front of the swing!
ADELA:	Miss Paz! Jose pushed me and I fell. I got hurt!
MISS PAZ:	Oh, don't cry! Go to the office right now and tell Mrs. Torres to put a bandaid on it.
RAÚL:	Miss Paz, the girls are throwing sand.
MISS PAZ:	Tell them that I'm going to send them to the principal's office if they continue to do it.

Two girls are coming: one is eating sweets and the other is chewing gum.

MISS PAZ:	Teresa, put that gum in the trash can. Carmen! Don't bring sweets to school!
CARMEN:	But Miss Paz, I'm hungry . . .
MISS PAZ:	I don't believe you're hungry when you have just had lunch . . .
CARMEN:	The fact is . . . I didn't have lunch. Mom made me a tuna sandwich and I don't like tuna . . .
MISS PAZ:	Tell (it to) your mother. Now go to the classroom. There in my desk I have some cookies. You may eat them.
CARMEN:	Thank you, Miss Paz!
MISS PAZ:	Where are you going, Teresa?
TERESA:	To the bathroom.
MISS PAZ:	Don't go to that one. It's the teacher's bathroom.

It is time to go back to class. The students get in line in front of their classes and wait for their teachers. Soon the playground is empty. "Such peace!", says Miss Paz . . .

Lección 19

The Health Education Class

Mr. Chávez, the fourth grade teacher, is in the classroom. As soon as the children come back from recess, he's going to talk to them about something very important: health. Ah! The children arrive and sit down, ready to listen to the teacher.

TEACHER:	I hope you have read chapter ten, as I told you yesterday. What is that chapter about?
ÓSCAR:	About nutrition and good habits of cleanliness.
TEACHER:	Very good, Óscar! A balanced diet is essential for good health. Why is that? Silvia?
SILVIA:	Because we need to eat different kinds of food so that our bodies will have the vitamins they need.

TEACHER:	Yes, it is true . . . but what other nutritional elements does the body need?
ANA:	Protein, minerals and . . . and . . .
TEACHER:	. . . And carbohydrates. Very good, Ana! What do we need protein for?
ÉSTER:	For the growth, repair and maintenance of tissue.
TEACHER:	Excellent, Esther! And carbohydrates?
HUGO:	Carbohydrates supply energy. As soon as I get home, I'm going to eat a piece of pie, because I'm very weak.
TEACHER:	(*Laughing with the children*) Well, a piece of pie once in a while is okay. But . . . What happens when one consumes too many carbohydrates and fats?
TERESA:	The body retains what it doesn't need and turns it into fat.
ALBERTO:	And then the person gets fat . . .
TEACHER:	Exactly! Really, the body doesn't need much fat. What minerals are important for (good) health?
FEBE:	Iron, calcium and phosphorus.
TEACHER:	Very good. There are fourteen minerals that are essential to a good diet.
CARLOS:	It is also important to eat slowly and chew food well.
TEACHER:	I'm glad you have remembered that, Carlos. It is very important. What other things are important?
RAÚL:	To play sports . . . to exercise . . .
NORA:	We also need fresh air. A room should have good ventilation.
ESTELA:	Cleanliness is very important . . .
TEACHER:	Very good! Personal hygiene is extremely important. What must one do every day?
MARÍA:	Bathe! And brush one's teeth three times a day, and wash one's hands before eating.
ANA:	Mom doesn't allow us to sit at the table unless we wash our hands . . .
TEACHER:	Very good! Tomorrow we are going to talk about some diseases and about how to prevent them. You know the saying: "An ounce of prevention is worth a pound of cure."

Lección 20

Let's Work Together!

Miss García, vice-principal at the school, is speaking with a group of parents about some of the school regulations, and asking them for their cooperation so that, together as parents and teachers, they can make sure that the children will benefit by and make good use of the school year.

MISS GARCÍA:	One problem we have is that some children arrive at school too early. If they are here one hour before classes start, they don't have (any) supervision.
MRS. VARGAS:	I have to go to work, and I don't want to leave my daughter alone at home.
MISS GARCÍA:	I understand, but it would be better if your daughter could stay at some friend's or neighbor's house until it's time to come to school.
MR. TORRES:	Miss García, my son brought his bicycle last month and it was stolen . . .

MISS GARCÍA:	If the children ride their bicycles, they have to have a padlock and put them on the bicycle rack.
MRS. GÓMEZ:	My son rides the school bus, and the other day he missed it and had to stay home.
MISS GARCÍA:	What a pity! That wouldn't happen if the child were at the bus stop about ten minutes before the bus' arrival.
MR. SOTO:	The other day my daughter was late because she had to go to the dentist and the teacher didn't let her have recess.
MISS GARCÍA:	If a child has an appointment with the doctor or with the dentist, please give him a note for the teacher.
MRS. VARGAS:	And if my children were sick but didn't go to the doctor?
MISS GARCÍA:	We told the children to always bring a note from parents upon returning to school, explaining the reason for the absence.
MR. TORRES:	Well, on a different subject . . . I think the cafeteria lunch is very expensive. I have three children in school, and it is a lot of money for me.
MISS GARCÍA:	You can apply for a cheaper or free lunch, according to the salary you receive . . . I can give you a form to fill out.
MRS. GÓMEZ:	My son often loses the money that I give him for lunch.
MISS GARCÍA:	It would be better if you put the money in a sealed envelope before giving it to the child.
MR. SOTO:	We have a niece who is visiting at home. May she come to school with my daughter?
MISS GARCÍA:	I'm sorry, Mr. Soto, but if we were to allow visits from children who are not enrolled in the school, the teachers would have much more work. Besides, we would have problems with insurance.

At the end of the meeting, Miss García thanks the parents for having come and asks that, if possible, they work as volunteers to help the children at school.

Appendix C

Metric System

Weights and Measures

Length

la pulgada = inch
el pie = foot
la yarda = yard
la milla = mile
1 pulgada = 2.54 centímetros
1 pie = 30.48 centímetros
1 yarda = 0.9144 metro
1 milla = 1.609 kilómetros
1 centímetro (cm) = .3937 pulgadas (less than $1/2$ inch)
1 metro (m) = 39.37 pulgadas (1 yard, 3 inches)
1 kilómetro (km) (1.000 metros) = .6214 millas ($5/8$ mile)

Weight

la onza = ounce
la libra = pound
la tonelada = ton
1 onza = 28.35 gramos
1 libra = 0.454 kilogramo
1 tonelada = 0.907 tonelada métrica
1 gramo (g) = .03527 onzas
100 gramos = 3.527 onzas (less than $1/4$ pound)
1 kilogramo (kg) (1.000 gramos) = 2.2 libras

Liquid Measure

la pinta = pint
el cuarto (de galón) = quart
el galón = gallon
1 pinta = 0.473 litro
1 cuarto = 0.946 litro
1 galón = 3.785 litros
1 litro (l) = 1.0567 cuartos (de galón) (slightly more than a quart)

Surface

el acre = acre
1 hectárea = 2.471 acres

Temperature

°C = Celsius or Centigrade; °F = Fahrenheit
0° C = 32° F (freezing point of water)
37° C = 98.6° F (normal body temperature)
100° C = 212° F (boiling point of water)
Conversión de grados Fahrenheit a grados Centígrados
$\quad °C = 5/9 (°F - 32)$
Conversión de grados Centígrados a grados Fahrenheit
$\quad °F = 9/5 (°C) + 32$

Answer Key to the *Crucigramas*

Lecciones 1–5

Horizontal: 1. correcto 3. goma 9. minúscula 10. fuente 11. escuela 12. adjetivo 14. gaveta 16. área 18. sustantivo 20. tijeras 21. oración 22. colorear 23. millón 25. chicle 27. restar 28. isla 29. capital 30. amarillo 35. izquierda 36. incendio 37. sur 39. examen 40. montaña
Vertical: 1. continente 2. geografía 4. oeste 5. América 6. modelo 7. diccionario 8. cafetería 13. fecha 15. silencio 17. estado 19. Atlántico 23. mascan 24. marrón 26. estambre 31. limitan 32. bien 33. país 34. mañana 38. río

Lecciones 6–10

Horizontal: 2. reptil 4. gafas 5. desayuno 7. coagular 8. branquias 10. plantas 11. naranjo 14. botánico 16. respiratorio 20. timbre 21. armazón 22. oxígeno 25. circulatorio 27. llevarse 29. poco 30. volar
Vertical: 1. subirse 3. escamas 6. oculista 8. bajo 9. anfibio 12. distinto 13. vertebral 15. purificar 17. serpiente 18. invertebrados 19. anatomía 23. frutos 24. piel 26. hora 28. reino 31. año

Lecciones 11–15

Horizontal: 3. elección 4. japonés 7. plural 8. independencia 10. recíproco 11. barato 12. física 13. viaje 15. tierra 17. esclavitud 19. fracciones 21. guerra 22. Inglaterra 23. decimal 24. contra 26. longitud 31. concurso 33. vocal 34. kilogramo 35. irregular
Vertical: 1. compuesto 2. gente 5. presidente 6. divisibles 9. peregrinos 14. prosperidad 16. sobre 18. yarda 20. inclinado 25. ortografía 27. tonelada 28. impropia 29. espacio 30. civil

Lecciones 16–20

Horizontal: 3. caro 6. comprender 7. columpio 10. ausencia 11. visita 12. gratis 14. horizontal 17. paz 18. curar 19. luego 20. planilla 22. cantar 23. llegada 26. dulce 28. minerales 30. vitamina 32. parada 33. cita 34. enfermedad 36. cuerda 38. deportes 39. callado
Vertical: 1. curva 2. geométricas 3. circunferencia 4. llorar 5. despacio 8. mandar 9. hierro 13. paralelas 15. taza 16. agradecer 20. pedazo 21. longitud 24. escolar 25. mantenimiento 27. limpieza 29. jardín 31. adelantar 35. suelo 37. dejar

Spanish-English Vocabulary

The Spanish-English and English-Spanish vocabularies contain all active and passive vocabulary that appear in the manual. Active vocabulary includes words and expressions appearing in the *Vocabulario* lists. These items are followed by a number indicating the lesson in which each word is introduced in the dialogues. Passive vocabulary consists of words and expressions included in the *Vocabulario adicional* lists and those that are given an English gloss in the exercises.

The following abbreviations are used in the vocabularies:

adj.	adjective	*inf.*	infinitive
adv.	adverb	*m.*	masculine noun
f.	feminine noun		

A

a at, 1; to
  —**casa** home, 1
  —**fines de** at the end of, 12
  —**la vez** at the same time, 11; simultaneously, 11
  —**principios de** at the beginning of, 12
  —**veces** sometimes, 1
  —**ver** let's see, 11
abajo down; downstairs
abecedario (*m.*) alphabet
abeja (*f.*) bee
abertura (*f.*) opening, 17
abolir to abolish, 12
abreviatura (*f.*) abbreviation
abrigo (*m.*) coat, 16
abrir to open, 2
abrochar to fasten, 16; to button, 16
acabar to finish, 1
Acción de Gracias (Día de) (*m.*) Thanksgiving (Day)
acento (*m.*) accent, 11; stress, 11
acerca de about, 10
acontecimiento (*m.*) event, 12
acordarse (*o:ue*) to remember, 19
acre (*m.*) acre
actividad (*f.*) activity
  —**de grupo** group activity, 1
acuarela (*f.*) water color
adelantado(a) ahead of the class, advanced
adelantar to progress, 17
además de besides, 16; in addition to, 16
adentro inside
adicional additional
adiós good-bye, P
adivinar to guess, 16
adjetivo (*m.*) adjective, 3

adónde where (to), 6
adverbio (*m.*) adverb , 11
África Africa
afuera outside
agallas (*f.*) gills, 8; branchiae, 8
agradecer to thank, 20
agregar to add
agricultura (*f.*) agriculture, 4
agua (*f.*) water, 5
agudo(a) acute
aguja (*f.*) needle
ahora now, 3
  —**mismo** right now, 3
aire (*m.*) air, 19
ají (*m.*) bell pepper
ajo (*m.*) garlic
alcalde (*m., f.*) mayor
alegrarse (de) to be glad, 17; to rejoice (at), 17
alérgico(a) allergic
alfabeto (*m.*) alphabet
alfombra (*f.*) carpet, 16; rug, 16
algo something, 5
algodón (*m.*) cotton, 5
alguien someone, 6; somebody, 6
algún any, 1
alguna vez ever
algunos(as) some, 2
aliados(as) (*m., f.*) allies
alimentar(se) to feed, 10; to nourish, 10; to take nourishment, 10
alimento (*m.*) nourishment, 10; food, 10; nutrient, 10
almorzar (*o:ue*) to have lunch, 7
almuerzo (*m.*) lunch, 20
alrededor (de) around, 5
alto(a) high, 4; tall, 4
altura (*f.*) height, 17
alumno(a) (*m., f.*) student, P
allí there, 4
amarillo(a) yellow, 2
América America, 12

—Central Central America
—del Norte North America
—del Sur South America
amigo(a) (*m., f.*) friend, 20
amistoso(a) friendly
anaranjado(a) orange, 2
anatomía (*f.*) anatomy, 6
ancho (*m.*) width, 17
anexo(a) annexed
anfibio (*m.*) amphibian, 8
ángulo (*m.*) angle, 17
—agudo acute angle
—obtuso obtuse angle
—recto right angle, 17
animal (*m.*) animal , 8
—doméstico pet
Antártica Antarctica
anteojos (*m., pl.*) eyeglasses, 9
antes de before, 6
antónimo (*m.*) antonym
añadir to add
año (*m.*) year, 10
—luz (*m.*) light year
apagar to turn off, 16
aparato (*m.*) system
—circulatorio circulatory
system, 7
—digestivo digestive system
—respiratorio respiratory
system, 7
aparecer to appear, 12
apellido (*m.*) surname
apio (*m.*) celery
apóstrofe (*m.*) apostrophe
aprender to learn, 3
aprendizaje (*m.*) learning
problema de— learning
disability, 9
aprovechar (de) to make good
use of, 20; to take advantage
of, 20
apurarse to hurry up, 10
aquí here, 1
—tiene... here is . . . , 2
arábigo(a) arabic, 13
araña (*f.*) spider
árbol (*m.*) tree, 5
archipiélago (*m.*) archipelago
área (*f.*) area, 4
arena (*f.*) sand, 18
aritmética (*f.*) arithmetic
armar to put together, 16
armario (*m.*) cabinet, 5
armazón (*f.*) frame 6

arriba (de) up, upstairs
de— top, 5; upper, 5
arte (*m.*) art, 5
arteria (*f.*) artery, 7
articulación (*f.*) joint, 6
artículo (*m.*) article
—definido (*m.*) definite article
—indefinido (*m.*) ˙ indefinite
article
aseguranza (*f.*) insurance (*Mex.*), 20
así like this, 3
—que so, 9
Asia (*m.*) Asia
asiento (*m.*) seat
tome— have a seat, P
asignado(a) allotted
asistir to attend
astronomía (*f.*) astronomy, 15
atención (*f.*) attention
Atlántico (*m.*) Atlantic, 4
átomo (*m.*) atom, 15
atrasado(a) behind, 9
atún (*m.*) tuna fish, 18
ausencia (*f.*) absence, 20
ausente absent, 2
Australia Australia
autobús (*m.*) bus, 10
ave (*f.*) bird, 8; fowl, 8
averiguar to find out
avispa (*f.*) wasp
ayer yesterday, 11
ayuda (*f.*) help, 1
ayudar to help, 9
azúcar (*m.*) sugar, 4
azul blue, 2

B

bajar(se) to get off, 10
bajo under, 12
bajo(a) low, 9
balanceado(a) balanced, 19
baloncesto (*m.*) basketball
banana (*f.*) banana
bandera (*f.*) flag
bañar(se) to bathe (oneself), 19
baño (*m.*) bathroom, 2
barato(a) inexpensive, 12; cheap, 12
barras (*f.*) bars, 18; slashes
base (*f.*) base, 17
básico(a) basic, 15
básquetbol (*m.*) basketball
bastante enough
bastar (con) to be enough, 11

basurero (*m.*)   trash can, 18
batalla (*f.*)   battle
batería (*f.*)   battery
batido (*m.*)   milkshake
beber   to drink
bebida (*f.*)   drink, beverage
béisbol (*m.*)   baseball
beneficiarse (de)   to benefit by, 20
biblioteca (*f.*)   library, 6
bicicleta (*f.*)   bicycle, 20
bien   well, P; fine, P
   muy—   very well
bizcocho (*m.*)   cake (*Puerto Rico*)
blanco(a)   white, 7
bloque (*m.*)   block, 16
blusa (*f.*)   blouse
boca (*f.*)   mouth, 8
bocadillo (*m.*)   sandwich (*Spain*), 18
boleta de calificaciones (*f.*)   report
   card (*Mex.*), 1
bombardar   to bomb, 12
bonito(a)   pretty, 3; beautiful, 3
borrador (*m.*)   eraser
borrar   to erase, 2
botánico(a)   botanical
branquias (*f.*)   gills, 8; branchiae, 8
breve   brief, P
bronquio (*m.*)   bronchial tube, 7
bueno(a)   good
   buenas noches   good evening, P
   buenas tardes   good afternoon, P
   bueno...   well . . . , 1
   buenos días   good morning, P
bufanda (*f.*)   scarf
buscar   to look for, 3; to look up; to
   pick up

C

caballo (*m.*)   horse
cabello (*m.*)   hair
cabeza (*f.*)   head, 6
cabo (*m.*)   cape
cabra (*f.*)   goat
cacto (*m.*)   cactus, 10
cada   each, 3
caer(se)   to fall, 18
café   brown, 2
cafetería (*f.*)   cafeteria, 2
caja (*f.*)   box, 16
cajón (*m.*)   drawer, 5
calcar   to trace
calcetines (*m. pl.*)   socks
calcio (*m.*)   calcium, 19

calentura (*f.*)   fever
cálido(a)   warm, hot
caliente   hot, 8
calor (*m.*)   heat, 15
calladito(a)   quiet; silent
callado(a)   quiet, 16; silent, 16
cambiar   to change, 9
cambio (*m.*)   change, 15
camelia (*f.*)   camellia
camello (*m.*)   camel
caminar   to walk, 10
camión (*m.*)   bus (*Mex.*), 10
camisa (*f.*)   shirt
camiseta (*f.*)   T-shirt
campana (*f.*)   bell
canción (*f.*)   song, 16
candado (*m.*)   padlock, 20
cangrejo (*m.*)   crab
cantar   to sing, 16
cantidad (*f.*)   quantity, 6
capa de agua (*f.*)   raincoat
   (*Puerto Rico, Cuba*)
capital (*f.*)   capital (city), 4
capitalismo   capitalism
capítulo (*m.*)   chapter, 19
cara (*f.*)   face
caracol (*m.*)   snail
característica (*f.*)   characteristic, 8
carbohidrato (*m.*)   carbohydrate,
   19
carmelita   brown (Cuba)
caro(a)   expensive, 20
cartel (*m.*)   poster, 4; chart, 4
cartón (*m.*)   cardboard
cartulina (*f.*)   construction paper
casa (*f.*)   house, 20
castigar   to punish, 9
cebolla (*f.*)   onion
cebra (*f.*)   zebra
centena (*f.*)   hundred
centésima (*f.*)   hundredth, 14
centímetro (*m.*)   centimeter
centro (*m.*)   center, 17
Centroamérica   Central America
cepillar(se)   to brush, 19
cerebelo (*m.*)   cerebellum
cerebro (*m.*)   brain, 6
cereza (*f.*)   cherry
cerrado(a)   sealed, 20; closed, 20
cerrar (*e:ie*)   to close, 6
ciclón (*m.*)   cyclone
cien milésimo(a)   hundred
   thousandth
ciencia (*f.*)   science, 8

científico(a)   scientific, 15
cifra (f.)   number
cilindro (m.)   cylinder
cinta (f.)   (cassette) tape
cinto (m.)   belt
cinturón (m.)   belt
círculo (m.)   circle, 16
circunferencia (f.)   circumference, 17
cita (f.)   appointment, 20
ciudad (f.)   city
civil   civil, 12
claro(a)   clear, 3; light
clase (f.)   class, 1; kind, 8; type, 8
clavel (m.)   carnation
clima (m.)   weather
cloro (m.)   chlorine, 15
cloruro de sodio (m.)   sodium chloride, 15
coagular   to coagulate, 7
cociente (m.)   quotient
cocina (f.)   kitchen, 15
cocodrilo (m.)   crocodile, 8
codo (m.)   elbow, 6
cognado (m.)   cognate
colgar (o:ue)   to hang up, 16
colindar   to border (Mex.), 4
Colón (Cristóbal)   (Christopher) Columbus, 12
colonia (f.)   colony, 2
colonizar   to colonize, 12
color (m.)   color, 5
colorear   to color, 2
columna vertebral (f.)   spine, 8
columpio (m.)   swing, 18
coma (f.)   comma
comedor (m.)   cafeteria (Mex.), 2
comenzar (e:ie)   to begin, 12; to start, 12
comer   to eat, 2
cómico(a)   funny, 16
comida (f.)   food, 6
comillas (f.)   quotation marks
—latinas   Spanish quotation marks
como   as, 7; since, 9; like, 11
cómo   how
   ¿—está Ud.?   How are you?, P
   ¿—se dice...?   How do you say . . . ?, 3
   ¿—se escribe...?   How do you spell . . . ?, 3
   ¿—se llama...?   What is . . . called?, 6

compañero(a) de clase (m., f.)   classmate, 16
compás (m.)   compass
complemento (m.)   object
componer   to compose, 15; to be found in, 15
comportamiento (m.)   behavior
composición (f.)   composition, 3
comprender   to understand, 20
comprensión (f.)   comprehension
comprobar (o:ue)   to verify, 15
compuesto(a)   compound, 15
común   common
comunismo (m.)   communism
con   with, 1
concepto (m.)   concept, 17
concurso (m.)   contest, 11
   —de ortografía   spelling bee, 11
condensación (f.)   condensation
conducta (f.)   conduct; citizenship
conejo(a)   rabbit
congreso (m.)   congress, 12
conjunción (f.)   conjunction
conmigo   with me, 6
cono (m.)   cone
conocer   to know, 7; to be acquainted with, 7
conocimiento (m.)   knowledge, 15
conquistar   to conquer
conserje (m., f.)   janitor
considerado(a)   considerate
consistente   consistent
consonante (f.)   consonant, 11
constitución (f.)   constitution, 12
consumir   to consume, 19
contagioso(a)   contagious
contar (o:ue)   to count, 13; to tell, 16
contento(a)   happy, 4; content, 4
contestar   to answer, 6
contigo   with you, 17
continente (m.)   continent, 4
continuar   to continue, 5
contra   against, 12; versus, 12
contracción (f.)   contraction
conversación (f.)   conversation, P
conversar   to converse
convertirse (en) (e:ie)   to turn into, 19
cooperación (f.)   cooperation, 20
copiar   to copy, 2
corazón (m.)   heart, 7
corchete (m.)   bracket
cordillera (f.)   chain of mountains

correcto(a) correct, 3
corregir (*e:i*) to correct, 11
correr to run, 16
cortar to cut, 5
cosa (*f.*) thing, 5
coser to sew
costa (*f.*) coast, 12
coyuntura (*f.*) joint, 6
cráneo (*m.*) skull, 6
crecimiento (*m.*) growth, 19
creer to think, 9; to believe, 9
cuaderno (*m.*) notebook, P
  —**de ejercicios** workbook, 2
cuadrado (*m.*) square
cuadrado(a) square
cuál(es) which, 3; what, 3
cuándo when, 6
cuántos(as) how many, 4
cuarto (*m.*) room, 18; quart
cuarto(a) fourth
cúbico(a) cubic
cubierto(a) (de) covered (with), 8
cubo (*m.*) cube
cubrir to cover, 6
cuello (*m.*) neck
cuento (*m.*) story, 16; short story, 16
cuerda (*f.*) rope, 18
cuerpo (*m.*) body, 6
cuidado (*m.*) care
  con más— more carefully, 3
  ¡Cuidado! Look out!, 18; Be careful!, 18
cultural cultural
curar to cure, 19
curita (*f.*) adhesive bandage, 18
curvo(a) curved, 17

CH

chamarra (*f.*) jacket (*Mex.*), 16
chango (*m.*) monkey (*Mex.*)
chaqueta (*f.*) jacket, 16
chicle (*m.*) chewing gum, 5
chile (*m.*) pepper
  —**verde** bell pepper (*Mex.*)
china (*f.*) orange (*Puerto Rico*)
chivo (*m.*) goat
chocolate (*m.*) chocolate

D

dar to give, 3
darse prisa to hurry up, 10
debajo (de) under

deber must, 2; should, 2
  se debe(n) a... is (are) due to . . . , 9
débil weak, 19
década (*f.*) decade, 12
decena (*f.*) ten, 13
décima (*f.*) tenth, 14
decimal decimal, 13
decímetro (*m.*) decimeter
décimo (*m.*) one tenth
decir (*e:i*) to say, 7; to tell, 7
declarar to declare, 12
dedo (*m.*) finger
  —**del pie** (*m.*) toe
definición (*f.*) definition
dejar to leave (behind), 9; to let, 18; to allow, 18
  —**en paz** to leave alone, 18
delante (de) in front of, 18
deletrear to spell, 11
demás other, rest
  los— the others, 1
demasiado(a) too, 16; too much, 16
democracia (*f.*) democracy
denominador (*m.*) denominator, 14
dentista (*m., f.*) dentist, 20
dentro in, 4; inside, 4
depender to depend, 6
deporte (*m.*) sport, 19
depresión (*f.*) depression, 12
derecho(a) right
  a la derecha to the right, 5
derrotar to defeat
desayuno (*m.*) breakfast, 9
descubrir to discover, 12
desdoblar unfold
desgraciadamente unfortunately, 17
desierto (*m.*) desert, 10
despacio slowly, 19
despedida (*f.*) farewell
después (de) after, 2; afterwards, 6
detrás (de) behind
devolver (*o:ue*) to return
día (*m.*) day, 20
  al— a day, 19; per day, 19
  —**de la Independencia** Independence Day
  —**de la Madre** Mother's Day
  —**de los Enamorados** Valentine's Day
  —**de los Trabajadores** Labor Day
  —**del Padre** Father's Day
  —**festivo** holiday

diámetro (*m.*) diameter, 17
dibujar to draw, 5
dibujo (*m.*) drawing, 5
diccionario (*m.*) dictionary, 3
dictado (*m.*) dictation
dicho (*m.*) saying, 19
diente (*m.*) tooth, 19
dieta (*f.*) diet, 19
diez milésimo(a) ten thousandth
diferencia (*f.*) difference
diferente different, 5
difícil difficult, 11
dificultad (*f.*) difficulty, 9
difteria (*f.*) diphtheria
digerir (*e:ie*) to digest, 6
digestión (*f.*) digestion, 6
digestivo(a) digestive
dígito (*m.*) digit, 13
dimensión (*f.*) dimension
dinero (*m.*) money, 20
director(a) (*m., f.*) principal, 3
dislexia (*f.*) dyslexia
disolver (*o:ue*) to dissolve
distinto(a) different, 6
dividendo (*m.*) dividend
divisible divisible
división (*m.*) division
divisor divisor
doblado(a) folded, 5
doblar to fold, 5
doctor(a) (Dr.)(Dra.) (*m., f.*)
  doctor, P
dónde where, 1
dormir (*o:ue*) to sleep, 6
dos two
  de—en— two by two, 10; in
  pairs, 10
  —puntos (*m.*) colon
dulce (*m.*) sweet, 18
durante during, 12
durar to last, 12

E
edad (*f.*) age, 13
educación física (*f.*) physical
  education
ejemplo (*m.*) example, 15
ejercicio (*m.*) exercise, 3
elección (*f.*) election, 12
electricidad (*f.*) electricity, 15
electrón (*m.*) electron, 15
elefante (*m.*) elephant
elegir (*e:i*) to elect, 12;
  to choose, 12

elemento (*m.*) element, 7
emergencia (*f.*) emergency, 3
emparedado (*m.*) sandwich, 18
empezar (*e:ie*) to begin, 5;
  to start, 5
empujar to push, 18
en in, 1; at, 2; on
  —cuanto as soon as, 19
  —mi casa at home, 3
  —realidad in fact, 19
  —voz alta aloud, 2
encender (*e:ie*) to turn on
encima de on top of
encontrar (*o:ue*) to find, 10
encontrarse (*o:ue*) to meet (each
  other), 17
energía (*f.*) energy, 15
enfermedad (*f.*) sickness, 19;
  disease, 19
enfermero(a) (*m., f.*) nurse
enfermo(a) sick, 20; ill, 20
engordar to get fat, 19
enojarse to get angry, 16
ensalada (*f.*) salad
enseñar to teach, 10
entender (*e:ie*) to understand, 5
entero (*m.*) whole, 14
entonces then, 11; in that case, 11
entrar (en) to enter, 2
entre by, 14; between, 17;
  among, 17
entregar to turn in
enviar to send, 7
época (*f.*) time
  en esa— at that time, 12
equilátero(a) equilateral
equivalencia (*f.*) equivalence, 14
es que... the fact is, 18
escaleno scalene
escama (*f.*) scale, 8
esclavitud (*f.*) slavery, 12
esclavo(a) (*m., f.*) slave
escolar school, 20; scholastic, 20;
  school-related, 20
escribir to write, 2
escrito(a) written, 13
escritorio (*m.*) desk, P
escuchar to listen, 1
escuela (*f.*) school, 2
  —primaria (elemental) grade
  school, 10
ese(a) that, 8
esencial essential, 19
esfera (*f.*) sphere

esforzarse (*o:ue*)   to try, 9; to make an effort, 9

esfuerzo (*m.*)   effort

eso   that, 8

esófago (*m.*)   esophagus

espacio (*m.*)   space, 15

espalda (*f.*)   back

España   Spain, 12

especial   special

espejuelos (*m. pl.*)   eyeglasses (*Cuba, Puerto Rico*), 9

esperar   to wait, 2

esposo(a) (*m., f.*)   spouse; 9, husband; 9, wife, 9

esqueleto (*m.*)   skeleton, 6

establecido(a)   established, 12

estado (*m.*)   state, 4

Estados Unidos   United States, 4

estallar (guerra)   to start (war), 12

estambre (*m.*)   yarn, 5

estante (*m.*)   shelf, 5

estar   to be, 3

este (*m.*)   east, 4

este(a)   this, 7

estómago (*m.*)   stomach, 6

estos(as)   these

estrella (*f.*)   star, 15

estudiante (*m., f.*), P

estudiar   to study, 1

estudio (*m.*)   study, 17

Europa (*f.*)   Europe

evaluación (*f.*)   evaluation, 9

evaporación (*f.*)   evaporation, 15

exactamente   exactly, 19

examen (*m.*)   exam, 3

excelente   excellent, 11

excepción (*f.*)   exception, 11

excursión (*f.*)   field trip, 10

  ir de—   to go on a tour (excursion), 10

existir   to exist, 8

experimento (*m.*)   experiment, 15

explicar   to explain, 8

expresión (*f.*)   expression

  —de cortesía   polite expression, P

F

fácil   easy, 11

factor (*m.*)   factor

falda (*f.*)   skirt

falta (*m.*)   absence (*Mex.*), 20

faltar   to be missing, 17

fecha (*f.*)   date, 2

¿Qué—es hoy?   What's the date today?, P

fenómeno (*m.*)   phenomenon

fiebre (*f.*)   fever

fieltro (*m.*)   felt, 5

figura (*f.*)   figure, 17

fila (*f.*)   line, 10

filtrar   to filter

finca (*f.*)   farm

firmar   to sign, 1

física (*f.*)   physics, 15

flor (*f.*)   flower, 10

forma (*f.*)   shape, 8; form, 20

formado(a)   made up, 6; formed, 6

formar   to form, 11

  —parte de   to be (a) part of, 7

fórmula (*f.*)   formula, 15

formulario (*m.*)   form (*Puerto Rico*), 20

fósforo (*m.*)   phosphorus, 19

fotografía (*f.*)   photograph, 8

fracción (*f.*)   fraction, 13

Francia (*f.*)   France, 12

frente   front

  al—de   to the front (of), 7

fresa (*f.*)   strawberry

frío(a)   cold, 8

fruto (*m.*)   fruit (on tree), 10

fuego (*m.*)   fire, 4

fuente (*f.*)   source, 4

  —de riqueza   source of income, 4

fundar   to found, 12

fútbol (*m.*)   soccer

  —americano   football

futuro (*m.*)   future

G

gabinete (*m.*)   cabinet (*Mex.*), 5

gafas (*f. pl.*)   eyeglasses (*Spain*), 9

galaxia (*f.*)   galaxy, 15

galón (*m.*)   gallon

galleta (*f.*)   cookie (*Mex.*), 18

galletita (*f.*)   cookie, 18

gallina (*f.*)   hen

gallo (*m.*)   rooster

ganadería (*f.*)   livestock, 4

gas (*m.*)   gas, 15

gaseoso(a)   gaseous, 15

gato(a)   cat

gaveta (*f.*)   drawer (*Cuba, Puerto Rico*), 5

gente (*f.*)   people, 12

geografía (*f.*)   geography, 4

geometría (*f.*)   geometry, 17
geométrico(a)   geometric, 17
gimnasia (*f.*)   gymnastics
glándula (*f.*)   gland
globo terráqueo (*m.*)   globe, 4
glóbulo blanco (rojo) (*m.*)   white (red) blood cell, 7
gobernador(a)   governor
gobierno (*m.*)   government
golfo (*m.*)   gulf
golosina (*f.*)   sweet, 18
goma (*f.*)   gum
   —**de mascar**   chewing gum, 5
   —**de pegar**   glue, 5
grabadora (*f.*)   tape recorder
gracias   thank you, P
gracioso(a)   funny, 16
grado (*m.*)   grade, 5; degree, 17
gramática (*f.*)   grammar
gramo (*m.*)   gram, 14
grande   big, 4; large, 4
grasa (*f.*)   fat, 19
gratis   free (of charge), 9
gris   gray
grupo (*m.*)   group, 2
guagua (*f.*)   bus (*Cuba, Puerto Rico*), 10
guajolote (*m.*)   turkey (*Mex.*)
guanajo (*m.*)   turkey (*Cuba*)
guante (*m.*)   glove
guardar   to put away; to keep, 3
guerra (*f.*)   war, 12
guineo (*m.*)   banana
guión (*m.*)   hyphen
gustar   to please, 13
gusto (*m.*)   taste; sense of taste; pleasure
   El—es mío   The pleasure is mine, P
   Mucho—   It's a pleasure to meet you, P

H

había   there was; there were
habilidad (*f.*)   ability, 9
habitante (*m., f.*)   inhabitant, 4
hábito (*m.*)   habit, 19
hablar   to speak, 1
hacer   to do, 5; to make, 5
   —**ejercicio**   to exercise, 19
   —**un viaje**   to take a trip, 15
   —**una cita**   to make an appointment, 9

hacia   toward, 16
hamburguesa (*f.*)   hamburger
hasta   until, 5
   —**luego**   I'll see you later, P
hay   there is, 2; there are, 2
   ¿Qué—de nuevo?   What's new?, P
helado (*m.*)   ice cream
hexágono (*m.*)   hexagon
hidrógeno (*m.*)   hydrogen, 15
hierro (*m.*)   iron, 19
hígado (*m.*)   liver
higiene (*f.*)   hygiene, 19
hijo(a) (*m., f.*)   child, 9; son, 9; daughter, 9
hilo (*m.*)   thread
hipopótamo (*m.*)   hippopotamus
historia (*f.*)   history, 12
hoja (*f.*)   leaf, 10
hola   hello, P; hi, P
Holanda   Holland, 12
hombre (*m.*)   man, 7
hora (*f.*)   time; hour
   —**de lectura**   reading time, 2
   —**de recreo**   recess time, 3
   —**de salida**   time to go, 5
   ¿Qué—es?   What time is it?
horizontal   horizontal, 17
hormiga (*f.*)   ant
hoy   today, P
hubo   there was, 12; there were, 12
hueso (*m.*)   bone, 6
huevo (*m.*)   egg, 8
huracán (*m.*)   hurricane

I

idea (*f.*)   idea
igual   equal, 17; the same
ilustración (*f.*)   picture, 4; illustration, 4
imaginación (*f.*)   imagination, 16
impar   odd (number), 13
impermeable (*m.*)   raincoat
importante   important, 7
impropio(a)   improper, 14
incendio (*m.*)   fire, 4
inclinado(a)   inclined, 17
independencia (*f.*)   independence, 2
independientemente   independently, 1
indios (*m.*)   Indians
industria (*f.*)   industry, 4
información (*f.*)   information, 12

Inglaterra England
inglés (*m.*) English (language), 3
inorgánico(a) inorganic
insecto (*m.*) insect, 8
instrucción (*f.*) instruction, 1
inteligente intelligent, 4
interjección (*f.*) interjection
interrumpir to disturb
intestino (*m.*) intestine, 6
  —delgado small intestine
  —grueso large intestine
invertebrado invertebrate, 8
ir to go, 3
  —al baño to go to the bathroom, 2
irregular irregular, 11
irse to leave, 9; to go away, 9
isla (*f.*) island, 4
isósceles isosceles
izquierdo(a) left
  a la izquierda to the left, 5

J

jalea (*f.*) jelly
jamón (*m.*) ham
Japón (*m.*) Japan, 12
japonés(esa) Japanese, 12
jardín (*m.*) garden, 10; back yard, 10; back garden, 10
  —botánico (*m.*) botanical garden
  —de infantes kindergarten, 16
  —de niños kindergarten (*Mex.*), 16
jirafa (*f.*) giraffe
jugo (*m.*) juice
junta (*f.*) meeting, 20; get-together, 20
juntos(as) together, 20

K

kilogramo (*m.*) kilo, 14; kilogram, 14
kilómetro (*m.*) kilometer
kindergarten (*m.*) kindergarten, 16

L

lado (*m.*) side, 17
  al—de beside, 16; next to, 16
lagartija (*f.*) lizard, 8
lago (*m.*) lake
lámina (*f.*) picture, 4; illustration, 4

lana de tejer (*f.*) yarn, 5
langosta (*f.*) lobster
lápiz (*m.*) pencil, P
  —de color colored pencil, 2
largo (*m.*) length, 17
largo(a) long, 4
lastimar(se) to hurt, 18; to get hurt, 18
lavar(se) to wash, 19
lección (*f.*) lesson, 3
lectura (*f.*) reading, 1
leche (*f.*) milk
  —malteada milkshake (*Mex.*)
lechuga (*f.*) lettuce
leer to read, 1
lengua (*f.*) tongue
lenguaje (*m.*) language
lentes (*m. pl.*) eyeglasses, 9
león (*m.*) lion
letra (*f.*) handwriting, 3; letter, 3
levantar to raise
ley (*f.*) law
liberar to liberate
libra (*f.*) pound, 14
librarse (de) to be (become) free (from), 12
libre free
libreta de calificaciones (*f.*) report card, 1
libro (*m.*) book, P
  —de lectura reading book, 2
limitar (con) to border
límite (*m.*) boundary, 4
limpiar to clean, 5
limpieza (*f.*) cleanliness, 19
línea (*f.*) line, 5
  —de puntos dotted line
lineal linear, 13
líquido(a) liquid, 15
lista (*f.*) list, 2
listo(a) ready, 5
literatura (*f.*) literature
litro (*m.*) liter
lo it
  —que what, 9
  —siento I'm sorry, 20
longitud (*f.*) length, 14
los(las) que the ones who, 12
luchar to fight
luego then, 13; later, 13
lugar (*m.*) place, 13
luna (*f.*) moon, 15
luz (*f.*) light, P
  —del sol sunlight, 10

LL

llamar to call, 3
  —por teléfono to call on the phone, 3
llamarse to be called, 6
llegada (*f.*) arrival, 20
llegar to arrive, 12
  —tarde to be late, 9
  —temprano to be early, 20
llenar to fill, 20; to fill out, 20
llevar to take, 1; to carry, 1
  —(tiempo) + *gerund* to have been doing for (*time*), 11
llevarse to take away, 10; to carry out, 10
llorar to cry, 18
llover (*o:ue*) to rain, 10

M

madera (*f.*) wood, 10
madre (*f.*) mother
maestro(a) (*m., f.*) teacher, P
mal badly, 3; wrong, 3
mamá (*f.*) mom, 8; mother, 8
mamífero (*m.*) mammal
mandar to send, 18
manera (*f.*) manner, 11; way, 11
mano (*f.*) hand
mantener(se) to keep (oneself), 12; to maintain (oneself), 12
mantenimiento (*m.*) maintenance, 19
mantequilla (*f.*) butter
  —de cacahuete peanut butter (*Mex.*)
  —de maní (cacahuate) peanut butter
manzana (*f.*) apple
mañana tomorrow, 4
mapa (*m.*) map, P
máquina (*f.*) machine, 15
mar (*m.*) sea
margarita (*f.*) daisy
mariposa (*f.*) butterfly
marrón brown, 2
más more, 1; plus (+); further
  —o menos more or less, 4
  —tarde later, 2
mascar to chew, 5
masticar to chew, 5
matemáticas math, 13
materia (*f.*) subject, 1; matter, 15

material (*m.*) material, 3
matriculado(a) enrolled, 20; registered, 20
matricularse to enroll, 20; to register, 20
mayor bigger, 13; larger, 13; greater, 13
mayúscula uppercase (capital) letter, 3
medias (*f.*) stockings
  —de hombre socks (*Puerto Rico*)
medicina (*f.*) medicine
médico(a) (*m., f.*) doctor, 20; M.D., 20
medida (*f.*) measure, 9; measurement, 13
  —cuadrada square measurement
  —cúbica cubic measurement
  —de capacidad liquid measure
  —de longitud lineal measure
  —de peso weight measure
  —de superficie square measurement
  —de volumen cubic measurement
  —lineal (*f.*) lineal measure
medio (*m.*) one half, 14
medir (*e:i*) to measure, 17
médula espinal (*f.*) spinal cord
mejor better, 1
mejorar to improve, 1; to get better, 1
mejorar(se) to improve (oneself), 9; to get better, 9
memoria (*f.*) memory
menor smaller, 13; less, 13
menos minus (—)
  a—que unless, 19
meridiano (*m.*) meridian
mermelada (*f.*) jelly
mes (*m.*) month, 20
mesa (*f.*) table, 5
métrico(a) metric
metro (*m.*) meter
mezcla (*f.*) mixture
microbio (*m.*) germ, 6
milésima (*f.*) thousandth
milímetro (*m.*) milimeter
milla (*f.*) mile, 4
millar (*m.*) thousand
millón (*m.*) million, 4
mineral (*m.*) mineral, 19
minería (*f.*) mining, 4
minuendo (*m.*) minuend

minúscula lowercase (small) letter, 3

minuto (*m.*) minute, 20

mirar to look (at), 9

mismo(a) same, 11; self, 17

mitad (*f.*) half, 5

  por la— in half, 5

mixto(a) mixed, 14

modelo (*m.*) pattern, 5; model, 5

molécula (*f.*) molecule, 15

momento (*m.*) moment, 2

monarquía (*f.*) monarchy

mono(a) monkey

montaña (*f.*) mountain, 4

monte (*m.*) mount, 4

morado(a) purple

morir (*o:ue*) to die, 13

mosca (*f.*) fly

mosquito (*m.*) mosquito

mover (*o:ue*) to move, 6

mucho(a) much, P; a great deal

mudo(a) silent

muebles (*m.*) furniture, 10

multiplicación (*f.*) multiplication

multiplicador (*m.*) multiplier

multiplicando (*m.*) multiplicand

multiplicar to multiply, 1

múltiplo (*m.*) multiple, 13

mundial world, 12; worldwide, 12

mundo (*m.*) world, 4

muñeca (*f.*) doll, 16

músculo (*m.*) muscle, 6

música (*f.*) music

muy very

N

nacer to be born, 8

nacimiento (*m.*) birth

nacionalidad (*f.*) nationality, 12

nada nothing, 6

nadie nobody, 18; no one, 18

naranja (*f.*) orange

naranjo (*m.*) orange tree, 10

nariz (*f.*) nose, 7

natación (*f.*) swimming

natural natural

naturaleza (*f.*) nature, 15

Navidad (*f.*) Christmas, 5

necesario(a) necessary, 16

necesitar to need, 1

negro(a) black

nervio (*m.*) nerve

neutral neutral, 12

neutrón (*m.*) neutron, 15

ninguno(a) not any, 17; none, 17

niño(a) (*m., f.*) child, 1; boy; girl

niños(as) (*m., f.*) children, 2

nivel (*m.*) level, 9

  —del grado grade level, 9

no no, P; not, P

nombrar to name, 7

nombre (*m.*) noun, 3

  —común (*m.*) common noun

  —propio (*m.*) proper noun, 3

norte (*m.*) north, 4

Norteamérica North America, 4

norteamericano(a) (*m., f.*) North American, 12

nota (*f.*) note

noveno (*m.*) one ninth

nuevo(a) new, 2

numerador (*m.*) numerator, 14

número (*m.*) number, 4

nunca never, 1

nutrición (*f.*) nutrition, 19

nutritivo(a) nourishing, 19

O

observar to observe, 9

obtuso(a) obtuse

océano (*m.*) ocean, 4

octágono (*m.*) octagon

octavo (*m.*) one eighth

oculista (*m., f.*) eye doctor, 9

ocurrir to happen, 11

oeste (*m.*) west, 4

oficina (*f.*) office, 3

oído (*m.*) inner ear; sense of hearing

ojo (*m.*) eye, 16

olfato (*m.*) sense of smell

olvidar(se) (de) to forget (to), 16

ómnibus (*m.*) bus, 10

onceavo (*m.*) one eleventh

onda (*f.*) wave

  —corta short wave

  —larga long wave

onza (*f.*) ounce, 14

operación (*f.*) operation, 13

operar to operate, 7

oración (*f.*) sentence, 3

oral oral

orden alfabético (*m.*) alphabetical order

oreja (*f.*) ear

orgánico(a) organic

órgano (*m.*) organ, 7

orgulloso(a) proud, 15
original original
orquídea (*f.*) orchid
ortografía (*f.*) spelling, 3
oscuro(a) dark, 6
otro(a) other, 9; another, 9
  otra cosa something else, 8
  otra vez again
oveja (*f.*) sheep
oxígeno (*m.*) oxygen, 6

P

Pacífico (*m.*) Pacific, 4
padecer (de) to suffer (from, with), 7
  —del corazón to have heart trouble, 7
padre (*m.*) father
padres (*m.*) parents, 20
pagar to pay
página (*f.*) page, 2
país (*m.*) country, 4; nation, 4
palabra (*f.*) word, 2
palanca (*f.*) lever, 15
páncreas (*m.*) pancreas
pantalones (*m. pl.*) pants
papa (*f.*) potato
  —frita French fry
papel (*m.*) paper, 2
papita (*f.*) potato chip
par even (number), 13
para for, 3; in order to, 6
  ¿—qué? What for?, 5; Why?, 5
parada (*f.*) stop, 20
paralelo(a) parallel, 17
paralelogramo (*m.*) parallelogram
pararse to stand, 16
paréntesis (*m.*) parentheses
parte (*f.*) part, 3
participación (*f.*) participation
participar to participate, 1
pasado (*m.*) past, 11
pasar to come in, P; to happen, 7; to spend time, 10; to pass; to go; to be promoted
  —lista to take roll (attendance), 2
Pascua Florida (*f.*) Easter
paso (*m.*) step
pastel (*m.*) pie, 19
patata (*f.*) potato (*Spain*)
patio (*m.*) back yard, 10; back garden, 10; playground, 18
pato (*m.*) duck, 8

patrón (*m.*) pattern, 5; model, 5
pavo (*m.*) turkey
paz (*f.*) peace, 18
pecho (*m.*) chest
pedazo (*m.*) piece, 19
pedir (*e:i*) to ask (for), 8; to request, 8; to order
  —prestado(a) to borrow, 13
  —turno to make an appointment, 9
pegar to glue, 5; to hit, 9
pelear(se) to fight, 9
película (*f.*) movie; film
pelo (*m.*) hair, 8
pelota (*f.*) ball, 16
península (*f.*) peninsula
pensamiento (*m.*) pansy
pensar (*e:ie*) to think, 6
pentágono (*m.*) pentagon
penúltimo(a) next to last, 11; penultimate, 11
pequeño(a) small, 5; little, 5
pera (*f.*) pear
perder (*e:ie*) to miss, 20; to lose, 20
peregrino(a) (*m., f.*) pilgrim, 12
perfecto(a) perfect, 13
perímetro (*m.*) perimeter, 17
permitir to allow, 19; to let, 19; to permit, 19
pero but, 1
perpendicular perpendicular, 17
perro (*m.*) dog
  —caliente (*m.*) hot dog
persecución (*f.*) persecution, 12
persona (*f.*) person, 6
personal personal, 19
pertenecer to belong, 8
pesca (*f.*) fishing, 4
pescado (*m.*) fish
peso (*m.*) weight, 14
pez (*m.*) fish (live), 8
pico (*m.*) beak, 8
pie (*m.*) foot, 14
piel (*f.*) skin, 6
la pierna leg, 6
pigmento (*m.*) pigment, 6
pila (*f.*) battery
pincel (*m.*) brush
pinta (*f.*) pint
pintar to paint
pintura (*f.*) paint; painting
piojos (*m.*) head lice
pionero(a) pioneer
pirámide (*f.*) pyramid

piso (*m.*)   floor, 16
pizarra (*f.*)   (black)board, P
pizarrón (*m.*)   (black)board, P
placer (*m.*)   pleasure
planeta (*m.*)   planet, 15
planilla (*f.*)   form, 20
plano (*m.*)   plane, 17
   —inclinado   inclined plane, 15
planta (*f.*)   plant, 10
plaqueta (*f.*)   blood platelet, 7
plátano (*m.*)   banana
pluma (*f.*)   pen, P; feather, 8
población (*f.*)   population, 4
poco(a)   little (*quantity*), 6
   muy poco   very little (*adv.*)
   un poco   a little, 9
poder (*o:ue*)   to be able to, 7; can, 7
polea (*f.*)   pulley, 15
polio (*f.*)   polio
polo (*m.*)   pole
pollo (*m.*)   chicken
poner   to put, 5
ponerse   to put on, 16
   —en fila   to get (stand) in line, 10
popular   popular
por   by, 14; for
   —aquí   this way
   —ciento   percent, 14
   —ejemplo   for example, 11
   —favor   please, P
   ¿—qué?   why?
   —todo   throughout, 6
porque   because, 1
portarse   to behave, 9
posible   possible, 20
posición (*f.*)   position, 17
potencia (*f.*)   power, 12
práctica (*f.*)   drill, 4
practicar   to practice, 13; to play
   —deportes   to take part in
   sports, 19
predicado (*m.*)   predicate
prefijo (*m.*)   prefix
pregunta (*f.*)   question, 11
preguntar   to ask (a question), 8
prender   to turn on
preocuparse   to worry
preparar(se)   to prepare (oneself),
   11; to get ready, 11
preposición (*f.*)   preposition
presente   present, 2
presidente (*m.*)   president, 4
prestar   to lend, 13
   —atención   to pay attention, 1

prevenir   to prevent, 19
primero(a)   first, 2
primo(a)   prime, 13
principal   main, 4
principalmente   mainly, 12
prisa: darse—   to hurry up, 10
problema (*m.*)   problem, 1
producto (*m.*)   product, 4
profesor(a) (*m., f.*)   professor, P;
   teacher, P
progresando   progressing
pronto   soon, 13
   tan—como   as soon as, 19
pronunciar   to pronounce, 11
propiedad (*f.*)   property
propio(a)   proper
prosperidad (*f.*)   prosperity, 12
proteger   to protect, 6
protegido(a)   protected, 6
proteína (*f.*)   protein, 19
protón (*m.*)   proton, 15
próximo(a)   next, 4
psicólogo(a) (*m., f.*)   psychologist,
   9
puerta (*f.*)   door, P
pulgada (*f.*)   inch, 14
pulmón (*m.*)   lung, 7
punto (*m.*)   point, 14; period; dot
   dos puntos   colon
   —y coma   semicolon
pupitre (*m.*)   desk
purificar   purify, 7
puritano(a) (*m., f.*)   Puritan
puro(a)   pure, 19

Q

que   that, 4; than, 4; who, 9
qué   what, 1; how
   —bien   how nice(ly)
   ¡—lástima!   That's too bad!, 20;
   What a pity, 20
   ¿—tal?   How's it going?, P
quebrado (*m.*)   fraction, 13
quedarse   to stay, 16;
   to remain, 16
querer (*e:ie*)   to want, 8; to wish, 8
queso (*m.*)   cheese
quién(es)   who, whom
química (*f.*)   chemistry
quinto (*m.*)   one fifth, 14
quitar   to take away, 10;
   to remove, 10
quizá(s)   maybe, 9; perhaps, 9

R

radio (*m.*) radius, 17
raíz (*f.*) root, 10
rana (*f.*) frog, 8
razón (*f.*) reason, 20
recibir to receive, 20
recíproco (*m.*) reciprocal, 14
recoger to pick up, 5
recordar (*o:ue*) to remember, 6
recortar to cut, 5; to trim, 5
rectángulo (*m.*) rectangle
recto(a) straight, 17
reducir to reduce, 14
regla (*f.*) ruler, P; rule, 11
regresar to return, 3; to go (come) back, 3
regular regular, 11
reino (*m.*) kingdom, 8
reír(se) to laugh, 19
relacionado(a) related
religioso(a) religious, 12
reloj (*m.*) clock, P
renacuajo (*m.*) tadpole, 8
reparación (*f.*) repair, 19
repasar to review, 1
repaso (*m.*) review, 3
repetir (*e:i*) to repeat, 11
representante (*m., f.*) congressional delegate
reptil (*m.*) reptile, 8
residuo (*m.*) remainder
resolver (*o:ue*) to resolve, 13
respetar to respect
respirar to breathe, 7
resta (*f.*) subtraction
restar to subtract, 1
resto (*m.*) difference
retener to retain, 19
reunión (*f.*) meeting, 20; get-together, 20
revisar to check, 11
rimar to rhyme
río (*m.*) river, 4
robar to steal, 20
rodilla (*f.*) knee, 6
rojo(a) red, 2
romano(a) Roman, 13
rombo (*m.*) rhombus
rompecabezas (*m.*) puzzle, 16
ropa (*f.*) clothes, 6; clothing
rosa (*f.*) pink, 2; rose
rosado(a) pink, 2
roto(a) broken, 3

rubeola (*f.*) rubella
ruido (*m.*) noise, 16

S

saber to know, 2
sacapuntas (*m.*) pencil sharpener, P
sacar to take out, 16
sal (*f.*) salt, 15
salida (*f.*) dismissal, 6
salón de clase (*m.*) classroom, P
saltar to jump, 16
—**a la cuerda** to jump rope, 18
salud (*f.*) health, 19
saludar to salute
saludo (*m.*) greeting
salvaje (*m., f.*) wild
sándwich (*m.*) sandwich, 18
sangre (*f.*) blood, 6
sarampión (*m.*) measles
satélite (*m.*) satellite, 15
satisfactorio(a) satisfactory, 1
secretario(a) (*m., f.*) secretary, 2
segmento (*m.*) segment, 17
seguir (*e:i*) to continue, 7
según according to, 17
segundo(a) second, 6
seguro (*m.*) insurance
seguro(a) sure, 4
semana (*f.*) week, 4
semilla (*f.*) seed, 10
senador(a) (*m., f.*) senator
sentarse (*e:ie*) to sit down, 9
sentido (*m.*) sense
sentirse (*e:ie*) to feel, 15
señor (Sr.) (*m.*) Mr., P; Sir, P; gentleman, P
señora (Sra.) (*f.*) Mrs., P; Miss, P; young lady, P
señorita (Srta.) (*f.*) Miss, P; young lady, P
separar(se) to separate, 10; get separated, 10
séptimo (*m.*) one seventh
ser to be, 2
serpiente (*f.*) snake, 8; serpent, 8
servir (*e:i*) to serve, 7
¿Para qué sirve...? What is ... good for?
sexto (*m.*) one sixth
si if, 2
sí yes, 1
siempre always, 1
siglo (*m.*) century, 12

significado (*m.*)   meaning, 3
significar   to mean, 1; to stand for, 1; to signify, 1
signo (*m.*)   sign
   —de admiración   exclamation mark
   —de interrogación   question mark
siguiendo   following, 5
sílaba (*f.*)   syllable, 11
silencio (*m.*)   silence, 2
   en—   silently, 2
silla (*f.*)   chair, P
símbolo (*m.*)   symbol
simple   simple, 15
simplificar   to simplify, 14
simulacro (*m.*)   drill (*Mex.*)
sin   without, 7
singular   singular
sinónimo   synonym
sistema (*m.*)   system
   —métrico   metric system, 14
   —nervioso   nervous system, 7
situación (*f.*)   situation
situado(a)   located, 4; situated, 4
sobre (*m.*)   about, 4; on, 5; on top of, 5; envelope, 20
sobresaliente   outstanding, 1
sobrino(a) (*m., f.*)   nephew, 20; niece, 20
social   social
sodio (*m.*)   sodium, 15
sol (*m.*)   sun, 10
solamente   only, 11
solar   solar, 15
solicitar   to apply (for), 20
solidificación (*f.*)   solidification
sólido(a)   solid, 15
sólo   only, solely
solo(a)   alone, 16
solución (*f.*)   solution, 9
sonar (*o:ue*)   to ring, 6
   —como   to sound (like), 11
sonido (*m.*)   sound, 11
   sin—   silent
sostener   to support, 6; to hold, 6
subir(se)   to get on, 10; to rise, 11
subrayar   to underline, 3
substraendo (*m.*)   subtrahend
Sudamérica   South America
sueldo (*m.*)   salary, 20
suelo (*m.*)   floor, 16
suficiente   sufficient, 9
sufijo (*m.*)   suffix

sugerir (*i:ie*)   to suggest, 16
sujeto (*m.*)   subject
suma (*f.*)   addition; total
sumando (*m.*)   addend
sumar   to add, 1; to add up, 1
superficie (*f.*)   area, 4
supervisión (*f.*)   supervision, 20
suponer   to suppose, 15
sur (*m.*)   south, 4
sustantivo   (*m.*) noun, 3

T

tabla (*f.*)   table
   —de multiplicar   multiplication table, 1
tacto (*m.*)   sense of touch
tallo (*m.*)   stem, 10
también   also, 1
tampoco   neither, 9
tan pronto como   as soon as, 19
tanto   so much, 17
   —por ciento (*m.*)   percentage, 14
tarde   late
tarea (*f.*)   homework, 1
tarjeta de notas (*f.*)   report card (*Puerto Rico*), 1
taza (*f.*)   cup, 16
té (*m.*)   tea, 16
tejer   to knit
tejido (*m.*)   tissue, 19
teléfono (*m.*)   telephone
televisor (*m.*)   T.V. set
tema (*m.*)   subject, 20; topic, 20
temer   to fear
templado(a)   temperate
tener   to have, 4
   —hambre   to be hungry, 18
   —sed   to be thirsty, 5
   —sueño   to be sleepy, 6
tenis (*m.*)   tennis, 16
tercero (*m.*)   one third
terminado(a)   finished, 3
terminar   to finish, 1
término (*m.*)   term, 14
terremoto (*m.*)   earthquake
territorio (*m.*)   territory
tétano (*m.*)   tetanus
tiempo (*m.*)   time, 12; tense
tierra (*f.*)   soil, 8; earth, 8; land, 8
   —cultivable   land suitable for farming, 12
Tierra   Earth, 15
tigre (*m.*)   tiger

tijeras (*f. pl.*)   scissors, 5
timbre (*m.*)   bell, 6
tío(a) (*m., f.*)   aunt, 4; uncle, 4
tirar   to throw, 18
títere (*m.*)   puppet, 16
título (*m.*)   title
tiza (*f.*)   chalk, P
tobilleras (*f. pl.*)   socks (*Mex.*)
tobillo (*m.*)   ankle
tocarle a uno   to be one's turn, 16
todavía   still, 11
  —no   not yet, 2
todo(a)   all, 6
todos(as)   all, 2; everybody, 2
tomar   to take, 7; to drink, 5
tomarse de las manos   to hold
  hands, 10
tomate (*m.*)   tomato
tonelada (*f.*)   ton, 14
torno (*m.*)   lathe
toronja (*f.*)   grapefruit
torta (*f.*)   sandwich, 18; cake
tortuga (*f.*)   turtle, 8
tos ferina (*f.*)   whooping cough
total (*m.*)   total
trabajador(a)   hard-working
trabajar   to work, 1
trabajo (*m.*)   work, 1
  —manual   arts and crafts
traer   to bring, 2
tragar   to swallow, 6
transformar   to turn into, 10; to
  transform, 10
trapecio (*m.*)   trapezoid
tráquea (*f.*)   windpipe, 7; trachea, 7
tratar (de)   to try (to), 9; to deal
  (with), 19; to be about, 19
trazar   to draw (i.e., a line), 5; to
  trace, 5
triángulo (*m.*)   triangle
tronco (*m.*)   (tree) trunk, 10
trozo (*m.*)   piece, 19
turno (*m.*)   appointment

U

último(a)   last, 11
único(a)   only, 11
unidad (*f.*)   unit, 13; one, 13
unión (*f.*)   joining together, 6;
  union, 6
unir   to unite, 17; to join, 17; to
  connect
urgente   urgent

usar   to use, 3
útil   useful
uva (*f.*)   grape
¡uy!   wow!, 4

V

vaca (*f.*)   cow
vacío(a)   empty, 18
vacunado(a)   vaccinated
vainilla (*f.*)   vanilla
valer   to be worth, 13
varicela (*f.*)   chicken pox
varios(as)   several, 5; various, 5
vaso capilar (*m.*)   capillary
  vessel, 7
vecino(a) (*m., f.*)   neighbor, 20
velocidad (*f.*)   speed; velocity
vena (*f.*)   vein, 7
vencer   to defeat
vendar   to blindfold, 16
venir   to come, 4
ventana (*f.*)   window, P
ventilación (*f.*)   ventilation, 19
ver   to see, 7
verbo (*m.*)   verb, 3
¿verdad?   right?, 1; true?, 1
verde   green
vertebrado   vertebrate, 8
vertical   vertical, 17
vértice (*m.*)   vertex, 17
vestido (*m.*)   dress
vez (*f.*)   time (in a series), 19
  de—en cuando   once in a while,
  9; from time to time, 19
Vía Láctea (*f.*)   Milky Way, 15
viajar   to travel, 15
viaje (*m.*)   trip, 15
vicedirector(a) (*m., f.*)   vice-
  principal, 20
vida (*f.*)   life, 8
video   video
videograbadora (*f.*)   VCR
vigilar   to watch, 18
violeta (*f.*)   violet
viruela (*f.*)   smallpox
visita: de—   visiting, 20
vista (*f.*)   sight, 9; eyesight, 9
vitamina (*f.*)   vitamin, 19
vivir   to live, 4
vivo(a)   alive, 8
vocabulario (*m.*)   vocabulary, 2
vocal (*f.*)   vowel, 11

volar (*o:ue*)   to fly
volcán (*m.*)   volcano, 4
vólibol (*m.*)   volleyball
voluntario(a) (*m., f.*)   volunteer, 20
volver (*o:ue*)   to return, 10; to go back
  —a (+ *inf.*)   to . . . again
vomitar   to throw up
votar   to vote

Y

y   and, P
ya   already, 1
yarda (*f.*)   yard, 14

Z

zanahoria (*f.*)   carrot
zancudo (*m.*)   mosquito (*Mex.*)

English-Spanish Vocabulary

A

a (per) day   al día, 19
abbreviation   abreviatura (*f.*)
ability   habilidad (*f.*), 9
able
   to be—to   poder (*o:ue*), 7
abolish   abolir, 12
about   sobre, 4; más o menos, 4;
   acerca de, 10
absence   ausencia (*f.*), 20
absent   ausente, 2
accent   acento (*m.*) 11
according to   según, 17
acre   acre (*m.*)
activity   actividad (*f.*)
   group—   actividad de grupo, 1
acute   agudo(a)
add   sumar, 1; agregar; añadir
   —up   sumar, 1
addend   sumando (*m.*)
addition   suma (*f.*)
   in—to   además de, 16
additional   adicional
adhesive bandage   curita (*f.*), 18
adjective   adjetivo (*m.*), 3
adverb   adverbio (*m.*), 11
Africa   África
after   después (de), 2
afternoon   tarde (*f.*), P
afterwards   después, 6
against   contra, 12
age   edad (*f.*), 13
agriculture   agricultura (*f.*), 4
ahead (of the class)   adelantado(a)
air   aire (*m.*), 19
alive   vivo(a), 8
all   todos(as), 2; todo(a), 6
allergic   alérgico(a)
allies   aliados(as) (*m.*, *f.*)
allotted   asignado(a)
allow   dejar, 18; permitir, 19
alone   solo(a), 16
aloud   en voz alta, 2
alphabet   alfabeto (*m.*)
alphabetical   alfabético(a)
already   ya, 1
also   también, 1
America   América, 12
among   entre
amphibian   anfibio (*m.*), 8
anatomy   anatomía (*f.*), 6

and   y, P
angle   ángulo (*m.*), 17
animal   animal (*m.*), 8
ankle   tobillo (*m.*)
another   otro(a), 9
answer   contestar, 6
ant   hormiga (*f.*)
Antarctica   Antártica
antonym   antónimo (*m.*)
any   algún, 1
   not—   ninguno(a)
apostrophe   apóstrofe (*m.*)
appear   aparecer, 12
apple   manzana (*f.*)
apply   solicitar, 20
appointment   cita (*f.*), 20; turno (*m.*)
   make an—   pedir cita, 9; pedir
   turno, 9
arabic   arábigo(a), 13
archipelago   archipiélago (*m.*)
area   área (*f.*), 4; superficie (*f.*), 4
arithmetic   aritmética (*f.*)
around   alrededor (de), 5
arrival   llegada (*f.*), 20
arrive   llegar, 12
art   arte (*m.*), 5
artery   arteria (*f.*), 7
arts and crafts   trabajo manual (*m.*)
as   como, 7
   —soon—   en cuanto, 19; tan
   pronto como, 19
Asia   Asia
ask (for)   pedir (*e:i*), 8; (*a question*)
   preguntar, 8
assemble   armar, 16
astronomy   astronomía (*f.*), 15
at   en, 2; a
   —home   en casa, 3
Atlantic   Atlántico, 4
atom   átomo (*m.*), 15
attend   asistir (a)
attendance: to take—   pasar lista, 2
attention   atención (*f.*)
aunt   tía (*f.*), 4
Australia   Australia

B

back   espalda (*f.*)
   —garden   patio (*m.*), 10
backyard   patio (*m.*), 10; jardín (*m.*), 10
badly   mal, 3

balanced balanceado(a), 19
ball pelota (*f.*), 16
banana banana (*f.*); plátano (*m.*);
  guineo (*m.*) (*Puerto Rico*)
bars barras (*f.*), 18
base base (*f.*), 17
baseball béisbol (*m.*)
basic básico(a), 15
basketball básquetbol (*m.*);
  baloncesto (*m.*)
bathe bañar(se), 19
bathroom baño (*m.*), 2
battery pila (*f.*); batería (*f.*)
battle batalla (*f.*)
be ser, 2; estar, 3
  —**about** tratar (de), 19
  —**acquainted with** conocer, 7
  —**(become) free from** librarse
  (de), 12
  —**born** nacer, 8
  —**careful!** ¡Cuidado!, 18
  —**early** llegar temprano, 20
  —**enough** bastar, 11
  —**found in** componer, 15
  —**glad** alegrarse (de), 17
  —**hungry** tener hambre, 18
  —**late** llegar tarde, 9
  —**missing** faltar, 17
  —**promoted** pasar
  —**worth** valer, 13
beak pico (*m.*), 8
beautiful bonito(a), 3
because porque, 1
bee abeja (*f.*)
before antes de, 6
begin empezar (*e:ie*), 5; comenzar
  (*e:ie*), 12
beginning
  at the—of a principios de
behave portarse, 9
behavior comportamiento (*m.*)
behind atrasado(a), 9; detrás (de)
believe creer, 9
bell timbre (*m.*), 6; campana (*f.*), 6
belong pertenecer, 8
belt cinto (*m.*); cinturón (*m.*)
benefit (by) beneficiar(se) (de), 20
beside al lado (de), 16
besides además de, 16
better mejor, 1
between entre, 17
bicycle bicicleta (*f.*), 20
big grande, 4
bigger mayor, 13

bird ave (*f.*), 8
birth nacimiento (*m.*)
black negro(a)
blackboard pizarra (*f.*); pizarrón (*m.*)
blindfold vendar, 16
block bloque (*m.*), 16
blood sangre (*f.*), 6
  —**cell** glóbulo (*m.*), 7
blue azul, 2
board pizarra (*f.*); pizarrón (*m.*)
body cuerpo (*m.*), 6
bomb bombardear, 12
bone hueso (*m.*), 6
book libro (*m.*), P
border limitar (con), 4; colindar
  (*Méx.*), 4
borrow pedir prestado(a), 13
boundary límite (*m.*), 4
box caja (*f.*), 16
botanical botánico(a)
boy niño (*m.*)
bracket corchete (*m.*)
brain cerebro (*m.*), 6
branchiae agallas (*f.*), 8; branquias
  (*f.*), 8
breakfast desayuno (*m.*), 9
breathe respirar, 7
brief breve, P
bring traer, 2
broken roto(a), 3
bronchial tube bronquio (*m.*)
brown marrón, 2; café (*Méx.*), 2;
  carmelita (*Cuba*), 2
brush cepillar(se), 19
bus autobús (*m.*), 10; ómnibus (*m.*),
  10; camión (*m.*) (*Méx.*), 10; guagua
  (*f.*) (*Cuba, Puerto Rico*), 10
but pero, 1
butterfly mariposa (*f.*)
button abrochar, 16
by entre, 14; por, 14

C

cabinet armario (*m.*), 5; gabinete
  (*Méx.*), 5
cactus cacto (*m.*), 10
cafeteria cafetería (*f.*), 2; comedor
  (*m.*) (*Méx.*)
cake pastel (*m.*)
calcium calcio (*m.*), 19
call llamar, 3
  —**on the phone** llamar por
  teléfono, 3

called llamado(a)

  what is . . . called? ¿Cómo se llama...?, 6

camel camello (*m.*)

camellia camelia (*f.*)

can poder (*o:ue*)

cape cabo (*m.*)

capillary vaso capilar (*m.*), 7

capital (letter) mayúscula (*f.*), 3; (city) capital (*f.*), 4

capitalism capitalismo (*m.*)

carbohydrate carbohidrato (*m.*), 19

cardboard cartón (*m.*)

carnation clavel (*m.*)

carpet alfombra (*f.*), 16

carrot zanahoria (*f.*)

carry llevar, 1

  —out llevarse, 10

case

  in that— entonces, 11

cat gato(a)

celery apio (*m.*)

center centro (*m.*), 17

centimeter centímetro (*m.*)

Central America América Central; Centroamérica

century siglo (*m.*), 12

cerebellum cerebro (*m.*)

chain of mountains cordillera (*f.*)

chair silla (*f.*), P

chalk tiza (*f.*), P

change cambiar, 9; cambio (*m.*), 15

characteristic característica (*f.*), 8

chart cartel (*m.*), 4

cheap barato(a), 12

check revisar, 11

cheese queso (*m.*)

chemistry química (*f.*), 15

cherry cereza (*f.*)

chest pecho (*m.*)

chew mascar, masticar, 5

chewing gum goma de mascar (*f.*), 5; chicle (*m.*), 5

chicken pollo (*m.*)

  —pox varicela (*f.*)

child niño(a) (*m., f.*), 1; hijo(a) (*m., f.*), 9

children niños(as) (*m., f.*), 2; hijos(as) (*m., f.*), 9

chlorine cloro (*m.*), 15

chocolate chocolate (*m.*), 12

choose elegir (*e:i*), escoger

Christmas Navidad (*f.*), 5

circle círculo (*m.*), 16

circulatory system aparato circulatorio (*m.*), 7

circumference circunferencia (*f.*), 17

citizenship conducta (*f.*)

city ciudad (*f.*)

civil civil, 12

class clase (*f.*), 1

classmate compañero(a) de clase (*m., f.*), 16

clean limpiar, 5

cleanliness limpieza (*f.*), 19

clear claro(a), 3

clock reloj (*m.*), P

close cerrar (*e:ie*), 6

closed cerrado(a), 20

clothes ropa (*f.*), 6

coagulate coagular, 7

coast costa (*f.*), 12

coat abrigo (*m.*), 16

cold frío(a), 8

colon dos puntos

colonize colonizar, 12

colony colonia (*f.*), 12

color color (*m.*), 5; colorear, 2

colored pencils lápices de colores (*m.*), 2

Columbus (Christopher) (Cristóbal) Colón, 12

come venir, 4

  —back volver (*o:ue*)

  —in pasar, P

comical gracioso(a), 16; cómico(a), 16

comma coma (*f.*)

common común

  —noun nombre (*sustantivo*) común (*m.*)

communism comunismo (*m.*)

compass compás (*m.*)

compose componer, 15

composition composición (*f.*), 3

compound compuesto(a), 15

comprehension comprensión (*f.*)

concept concepto (*m.*), 17

condensation condensación (*f.*)

conduct conducta (*f.*)

cone cono (*m.*)

congress congreso (*m.*), 12

congressional delegate representante (*m., f.*)

conjunction conjunción (*f.*)

connect unir

conquer conquistar

considerate considerado(a)

consistent consistente

consonant consonante (*f.*), 11

constitution constitución (*f.*), 12

construction paper cartulina (*f.*)

consume consumir, 19

contagious contagioso(a)

content contento(a), 4

contest concurso (*m.*), 11

continent continente (*m.*), 14

continue continuar, 5; seguir (*e:i*), 7

contraction contracción (*f.*)

conversation conversación (*f.*), P

converse conversar

cookie galletita (*f.*), 18; galleta (*f.*) (*Méx.*), 18

cooperation cooperación (*f.*), 20

copy copiar, 2

correct correcto(a), 3; corregir (*e:i*), 11

cotton algodón (*m.*), 5

count contar (*o:ue*), 13

country país (*m.*), 4

cover cubrir, 6

covered (with) cubierto(a) (de), 8

cow vaca (*f.*)

crab cangrejo (*m.*)

crocodile cocodrilo (*m.*), 8

cry llorar, 18

cube cubo (*m.*)

cubic cúbico(a)

   —measurement medida cúbica (*f.*); medida de volumen (*f.*)

cultural cultural

cup taza (*f.*), 16

cure curar, cura (*f.*), 19

curved curvo(a), 17

cut cortar, 5; recortar, 5

cyclone ciclón (*m.*)

cylinder cilindro (*m.*)

D

daisy margarita (*f.*)

dark oscuro(a), 6

date fecha (*f.*), 2

   what's the—today? ¿Qué fecha es hoy?, P

daughter hija (*f.*), 9

day día (*m.*), 20

deal (with) tratar (de), 19

   a great— mucho

decade década (*f.*), 12

decimal decimal, 13

decimeter decímetro (*m.*)

declare declarar, 12

defeat vencer; derrotar

definite article artículo definido (*m.*)

definition definición (*f.*)

degree grado (*m.*), 17

democracy democracia (*f.*)

denominator denominador (*m.*), 14

dentist dentista (*m., f.*), 20

depend depender, 6

depression depresión (*f.*), 12

desert desierto (*m.*), 10

desk escritorio (*m.*), P; pupitre (*m.*), P

diameter diámetro (*m.*), 17

dictation dictado (*m.*)

dictionary diccionario (*m.*), 3

die morir (*o:ue*), 13

diet dieta (*f.*), 19

difference diferencia (*f.*); resto (*m.*)

different diferente, 5; distinto(a), 6

difficult difícil, 11

difficulty dificultad (*f.*), 9

digest digerir (*e:ie*), 6

digestion digestión (*f.*), 6

digestive digestivo(a)

   —system aparato digestivo (*m.*)

digit dígito (*m.*), 13

dimension dimensión (*f.*)

diphtheria difteria (*f.*)

discover descubrir, 12

disease enfermedad (*f.*), 19

dismissal salida (*f.*), 6

dissolve disolver (*o:ue*)

disturb interrumpir

dividend dividendo (*m.*)

divisible divisible, 13

division división (*f.*)

divisor divisor (*m.*)

do hacer, 5

doctor doctor(a) (*Dr., Dra.*) (*m., f.*), P; (*M.D.*) médico(a) (*m., f.*), 20

dog perro (*m.*)

doll muñeca (*f.*), 16

door puerta (*f.*), P

dot punto (*m.*)

dotted line línea de puntos (*f.*)

down abajo

downstairs abajo

draw dibujar, 5; trazar (*a line*), 5

drawer cajón (*m.*), 5; gaveta (*f.*) (*Cuba, Puerto Rico*), 5

drawing dibujo (*m.*), 5

dress vestido (*m.*)

drill   práctica (*f.*), 4; simulacro (*m.*) (*Méx.*), 4
drink   tomar, 5; bebida (*f.*)
duck   pato (*m.*), 8
due
  is (are)—to   se debe(n) a, 9
during   durante, 12
dyslexia   dislexia (*f.*), 9

E

each   cada, 3
ear   oreja (*f.*); (inner) oído (*m.*)
earth   tierra (*f.*), 8
Earth   Tierra (*f.*), 15
earthquake   terremoto (*m.*)
east   este (*m.*), 4
Easter   Pascua Florida (*f.*)
easy   fácil, 11
eat   comer, 2
effort   esfuerzo (*m.*)
  to make an—   esforzarse (*o:ue*), 9
egg   huevo (*m.*), 8
eighth (fraction)   octavo (*m.*)
elbow   codo (*m.*), 6
elect   elegir (*e:i*), 12
election   elección (*f.*), 12
electricity   electricidad (*f.*), 15
electron   electrón, 15
element   elemento (*m.*), 7
elephant   elefante (*m.*)
eleventh (fraction)   onceavo (*m.*)
emergency   emergencia (*f.*), 3
empty   vacío(a), 18
end
  at the—of   a fines de, 12
energy   energía (*f.*), 15
England   Inglaterra, 12
English (language)   inglés (*m.*), 3
enough   bastante
enroll   matricular(se), 20
enrolled   matriculado(a), 20
enter   entrar (en), 2
envelope   sobre (*m.*), 20
equal   igual, 17
equilateral   equilátero(a)
equivalence   equivalencia (*f.*), 14
erase   borrar, 2
eraser   borrador (*m.*), P
esophagus   esófago (*m.*)
essential   esencial, 19
established   establecido(a), 12
Europe   Europa
evaluation   evaluación (*f.*), 9
evaporation   evaporación (*f.*)

even (number)   par, 13
event   acontecimiento (*m.*), 12
ever   alguna vez
everybody   todos(as), 2
exactly   exactamente, 19
exam   examen (*m.*), 3
example   ejemplo (*m.*), 15
  for—   por ejemplo, 11
excellent   excelente, 11
exclamation mark   signo de admiración (*m.*)
exception   excepción (*f.*), 11
excursion   excursión (*f.*)
exercise   ejercicio (*m.*), 3; hacer ejercicio, 19
exist   existir, 8
expensive   caro(a), 20
experiment   experimento (*m.*), 15
explain   explicar, 8
expression   expresión (*f.*)
eye   ojo (*m.*), 16
  —doctor   oculista (*m., f.*), 9
eyeglasses   anteojos (*m. pl.*), 9; lentes (*m. pl.*), 9; espejuelos (*m. pl.*) (*Cuba, Puerto Rico*), 9; gafas (*f. pl.*) (*España*), 9
eyesight   vista (*f.*), 9

F

face   cara (*f.*)
fact: the—is   es que..., 18
factor   factor (*m.*)
fall   caer(se), 18
farewell   despedida (*f.*)
farm   finca (*f.*)
fasten   abrochar, 16
fat   grasa (*f.*), 19
Father's Day   Día del Padre (*m.*)
fear   temer
feather   pluma (*f.*), 8
feed   alimentar, 10
feel   sentirse (*e:ie*), 15
felt   fieltro (*m.*), 5
fever   fiebre (*f.*); calentura (*f.*)
field trip   excursión (*f.*), 10
fifth (fraction)   quinto (*m.*), 14
fight   pelearse, 9; luchar
figure   figura (*f.*), 17
fill (out)   llenar, 20
film   película (*f.*)
filter   filtrar
find   encontrar (*o:ue*), 10
  —out   averiguar
fine   bien, P

finger dedo (*m.*)
finish terminar, 1; acabar, 1
finished terminado(a), 3
fire fuego (*m.*), 4; incendio (*m.*), 4
first primero(a), 2
fish pez (*m.*) (*animal*), 8; pescado (*m.*)
fishing pesca (*f.*), 4
floor piso (*m.*), 16
flower flor (*f.*), 10
fly volar (*o:ue*), 8; mosca (*f.*)
fold doblar, 5
folded doblado(a), 5
following siguiendo, 5
food comida (*f.*), 6; alimento (*m.*), 10
foot pie (*m.*), 14
football fútbol americano (*m.*)
for para, 3; por
forget (to) olvidar(se) (de), 16
form formar, 11; forma (*f.*), 20;
    planilla (*f.*), 20; formulario (*m.*)
    (*Puerto Rico*), 20
formed formado(a), 6
formula fórmula (*f.*), 15
found fundar
fourth (fraction) cuarto(a), 14
fowl ave (*f.*), 8
fraction quebrado (*m.*), 13;
    fracción (*f.*), 13
frame armazón (*f.*), 6
France Francia, 12
free gratis, 9; libre
French fry papa frita (*f.*)
fresh puro(a), 19
friend amigo(a) (*m., f.*), 20
friendly amistoso(a)
frog rana (*f.*), 8
front frente (*m.*)
    in—of delante de, 18
    to the—(of) al frente (de), 7
fruit fruto, 10; fruta
funny gracioso(a), 16; cómico(a), 16
furniture muebles (*m.*), 10
further más
future futuro (*m.*)

G

galaxy galaxia (*f.*), 15
gallon galón (*m.*)
garden jardín (*m.*), 10
garlic ajo (*m.*)
gas gas (*m.*), 15
gaseous gaseoso(a), 15
gentleman señor (*m.*), P

geography geografía (*f.*), 4
geometric geométrico(a), 17
geometry geometría (*f.*), 17
germ microbio (*m.*), 6
German measles rubeola
get conseguir (*e:i*)
    —angry enojarse, 16
    —better mejorar, 1; mejorar(se), 9
    —fat engordar, 19
    —hurt lastimarse, 18
    —in line ponerse en fila, 10
    —nourishment alimentarse
    —off bajar(se), 10
    —on subir(se), 10
    —ready prepararse, 11
    —separated separarse, 10
    —together reunión (*f.*), 20;
    junta (*f.*), 20
gills agallas (*f.*), 8; branquias (*f.*), 8
giraffe jirafa (*f.*)
girl niña (*f.*)
give dar, 3
    —back devolver (*o:ue*)
gland glándula (*f.*)
globe globo terráqueo (*m.*), 4
glue pegar, 5; goma de pegar (*f.*), 5
go ir, 3
    —away irse, 9
    —back regresar, 3; volver (*o:ue*)
    —on a tour (excursion) ir de
    excursión, 10
    —to the bathroom ir al baño, 2
goat cabra (*f.*), chivo(a) (*m., f.*)
good bueno(a)
    —afternoon buenas tardes, P
    —evening (night) buenas
    noches, P
    —morning (day) buenos días, P
    what are . . . —for? ¿Para qué
    sirven...?, 7
good-bye adiós, P
government gobierno (*m.*)
governor gobernador(a) (*m., f.*)
grade grado (*m.*), 5
    at—level al nivel del grado, 9
    —school escuela primaria
    (elemental) (*f.*), 10
gram gramo (*m.*), 14
grammar gramática (*f.*)
grape uva (*f.*)
grapefruit toronja (*f.*); pomelo (*m.*)
gray gris
greater mayor, 13
green verde

greeting saludo (*m.*)
group de grupo, 1; grupo (*m.*), 2
growth crecimiento (*m.*), 19
guess adivinar, 16
gulf golfo (*m.*)
gum goma
  chewing— goma de mascar, 5;
  chicle, 5
gymnastics gimnasia (*f.*)

H

habit hábito (*m.*), 19
hair pelo (*m.*), 8; cabello (*m.*)
half mitad (*f.*), 5; (*fraction*)
  medio, 14
  in— por la mitad, 5
ham jamón (*m.*)
hamburger hamburguesa (*f.*)
hand mano (*f.*)
hang up colgar (*o:ue*), 16
happen pasar, 7; ocurrir, 11
happy contento(a), 4
hard-working trabajador(a)
have tener, 4
head cabeza (*f.*), 6
  —lice piojos (*m.*)
health salud (*f.*), 19
hearing oído (*m.*)
heart corazón (*m.*), 7
  to have—trouble padecer del
  corazón, 7
heat calor (*m.*), 15
height altura (*f.*), 17
hello hola, P
help ayuda (*f.*), 1; ayudar, 9
hen gallina (*f.*)
here aquí, 1
  —is . . . aquí tiene..., 2
hexagon hexágono (*m.*)
hi hola, P
high alto(a), 4
hippopotamus hipopótamo (*m.*)
history historia (*f.*), 12
hit pegar, 9
hold sostener, 6
  —hands tomarse de las manos, 10
holiday día festivo (*m.*)
Holland Holanda, 12
home a casa, 1
  at— en casa, 3
homework tarea (*f.*), 1
horizontal horizontal, 17
horse caballo (*m.*)

hot caliente, 8; cálido(a)
  —dog perro caliente (*m.*)
hour hora (*f.*)
how cómo
  —are you? ¿Cómo está Ud.?, P
  —is it going? ¿Qué tal?, P
  —many cuántos(as), 4
hundred centena (*f.*)
  —thousandth cien milésimo(a)
hundredth centésima (*f.*), 14
hurricane huracán (*m.*)
hurry up apurarse, 10; darse
  prisa, 10
hurt lastimar(se), 18
husband esposo (*m.*), 9
hydrogen hidrógeno (*m.*), 15
hygiene higiene (*f.*), 19
hyphen guión (*m.*)

I

ice cream helado (*m.*)
idea idea (*f.*)
if si, 2
ill enfermo(a), 20
illustration ilustración (*f.*), 4;
  lámina (*f.*), 4
imagination imaginación (*f.*), 16
important importante, 7
improper impropio(a)
improve mejorar, 1; **improve**
  (oneself) mejorar(se), 9
in en, 1; dentro (de), 4
  —fact en realidad, 19
inch pulgada (*f.*), 14
inclined inclinado(a), 17
  —plane plano inclinado (*m.*), 15
income riqueza
indefinite article artículo
  indefinido (*m.*)
independence independencia (*f.*), 12
  —Day Día de la Independencia
  (*m.*)
Indian indio(a)
industry industria (*f.*), 4
inexpensive barato(a), 12
information información (*f.*), 12
inhabitant habitante (*m.*), 4
inorganic inorgánico(a)
insect insecto (*m.*), 8
inside dentro, 4; adentro
instruction instrucción (*f.*), 1
insurance seguro (*m.*), 20;
  aseguranza (*f.*) (*Méx.*), 20

intelligent inteligente, 4
interjection interjección (*f.*)
intestine intestino (*m.*), 6
  large— intestino grueso
  small— intestino delgado
invertebrate invertebrado (*m.*), 8
iron hierro (*m.*), 19
irregular irregular, 11
island isla (*f.*), 4
isosceles isósceles

J

jacket chaqueta (*f.*), 16; chamarra
  (*f.*) (*Méx.*), 16
janitor conserje (*m., f.*)
Japan Japón (*m.*), 12
Japanese japonés(esa), 12
jelly jalea (*f.*); mermelada (*f.*)
join unir, 17
joining together unión (*f.*), 6
joint articulación (*f.*), 6;
  coyuntura (*f.*), 6
jump saltar, 16
  —rope saltar a la cuerda, 18

K

keep guardar, 3; (*oneself*)
  mantener(se), 12
kilo(gram) kilogramo (*m.*), 14
kilometer kilómetro (*m.*)
kind clase (*f.*), 8
kindergarten jardín de infantes
  (*m.*), 16; jardín de niños (*m.*)
  (*Méx.*), 16; kindergarten (*m.*), 16
kingdom reino (*m.*), 8
kitchen cocina (*f.*), 15
knee rodilla (*f.*), 6
knit tejer
know saber, 2; conocer, 7
knowledge conocimiento (*m.*), 15

L

Labor Day Día de los
  Trabajadores (*m.*)
lady señora (*f.*), P
  young— señorita, P
lake lago (*m.*)
land tierra (*f.*), 8
  —suitable for farming tierra
  cultivable (*f.*), 12
language lenguaje (*m.*)
large grande, 4

larger mayor, 13
last último(a), 11; durar, 12
late tarde
later más tarde, 2; luego, 13
lathe torno (*m.*), 15
laugh reír(se), 19
law ley (*f.*)
leaf hoja (*f.*), 10
learn aprender, 3
learning aprendizaje (*m.*)
  —disability problema de
  aprendizaje (*m.*), 9
leave irse, 9; dejar
  —alone dejar en paz, 18
  —behind dejar, 9
left izquierdo(a)
  to the— a la izquierda, 5
leg pierna, 6
lemon limón (*m.*)
lend prestar, 13
length longitud (*f.*), 14;
  largo (*m.*), 17
less menor, 13
lesson lección (*f.*), 3
let dejar, 18; permitir, 19
letter letra (*f.*), 3
lettuce lechuga (*f.*)
level nivel (*m.*), 9
lever palanca (*f.*), 15
liberate liberar
library biblioteca (*f.*), 6
life vida (*f.*), 8
light luz (*f.*), P; claro(a)
  —year año luz (*m.*)
like como, 11
  —this así, 3
line línea (*f.*), 5; fila (*f.*), 10
  to get (stand) in— ponerse en
  fila, 10
linear linear, 13
lion león (*m.*)
liquid líquido (*m.*), 15
list lista (*f.*)
listen escuchar, 1
liter litro (*m.*)
literature literatura (*f.*)
little (size) pequeño(a), 5;
  (*quantity*) poco(a), 6
  a— un poco, 9
  very— (*adv.*) muy poco
live vivir, 4
liver hígado (*m.*)
livestock ganadería (*f.*), 4
lizard lagartija (*f.*), 8

lobster   langosta (*f.*)
located   situado(a), 4
long   largo(a), 4
  —wave   onda larga (*f.*)
look (at)   mirar, 9
  —for   buscar, 3
  —out!   ¡Cuidado!, 18
lose   perder (*e:ie*), 20
low   bajo(a), 9
lowercase letter   minúscula (*f.*), 3
luego   later
  see you—   hasta luego, P
lunch   almuerzo(a), 20
  to have—   almorzar (*o:ue*), 7
lung   pulmón (*m.*), 7

M

machine   máquina (*f.*), 15
madam   señora (*f.*), P
made up (of)   formado(a), 6
main   principal, 4
mainly   principalmente, 12
maintain (oneself)   mantener(se), 12
maintenance   mantenimiento (*m.*), 19
make   hacer, 5
  —an appointment   pedir (*e:i*)
  turno, 9; hacer una cita, 9
  —an effort   esforzarse (*o:ue*)
  —good use of   aprovechar, 20
mammal   mamífero (*m.*), 8
man   hombre (*m.*)
manner   manera (*f.*), 11
map   mapa (*m.*), P
material   material, 3
mathematics   matemáticas (*f.*), 13
matter   materia (*f.*), 15
maybe   quizá(s), 9
mayor   alcalde (*m., f.*)
mean   significar, 1
meaning   significado (*m.*), 3
measles   sarampión (*m.*)
measure   medida (*f.*); medir (*e:i*), 17
measurement   medida, 13
meet (each other)   encontrarse
  (*o:ue*), 17
meeting   reunión (*f.*), 20; junta
  (*f.*), 20
meridian   meridiano (*m.*)
meter   metro (*m.*)
metric system   sistema métrico
  (*m.*), 14
mile   milla (*f.*)
milimeter   milímetro (*m.*)

milkshake   batido (*m.*); leche
  malteada (*f.*) (*Méx.*)
Milky Way   Vía Láctea (*f.*), 15
million   millón (*m.*), 4
mineral   mineral (*m.*), 19
mining   minería, 4
minuend   minuendo (*m.*)
minus   menos
minute   minuto (*m.*), 20
miss   perder (*e:ie*), 20; señorita
  (*Srta.*) (*f.*), P
mixed   mixto(a), 14
mixture   mezcla (*f.*)
model   modelo (*m.*), 5; patrón (*m.*), 5
molecule   molécula (*f.*), 15
mom   mamá (*f.*), 8; madre (*f.*), 8
moment   momento (*m.*), 2
monarchy   monarquía (*f.*)
money   dinero (*m.*), 20
monkey   mono (*m.*); chango (*m.*)
  (*Méx.*)
month   mes (*m.*), 20
moon   luna (*f.*), 15
more   más, 1
  —or less   más o menos, 4
mosquito   mosquito (*m.*); zancudo
  (*Méx.*)
mother   madre (*f.*), 8; mamá (*f.*), 8
  Mother's Day   Día de la Madre
mount   monte (*m.*), 4
mountain   montaña (*f.*), 4
mouth   boca (*f.*), 8
move   mover (*o:ue*), 6
movie   película (*f.*)
Mr.   Sr. (*m.*), P
Mrs.   Sra. (*f.*), P
much   (*adv.*) mucho, P; (*adj.*)
  mucho(a)
  so—   tanto, 17
multiple   múltiplo (*m.*), 13
multiplicand   multiplicando (*m.*)
multiplication   multiplicación (*f.*)
multiplier   multiplicador (*m.*)
multiply   multiplicar, 1
mumps   paperas (*f. pl.*)
muscle   músculo (*m.*), 6
music   música (*f.*)
must   deber, 2

N

name   nombrar, 7
nationality   nacionalidad (*f.*), 12
natural   natural

nature naturaleza (*f.*), 15
near (to) cerca de, 18
necessary necesario(a), 16
neck cuello (*m.*)
need necesitar, 1
needed necesario(a), 16
needle aguja (*f.*)
neighbor vecino(a) (*m., f.*), 20
neither tampoco, 9
nephew sobrino (*m.*), 20
nerve nervio (*m.*)
nervous nervioso(a)
  —system sistema nervioso (*m.*), 7
neutral neutral, 12
neutron neutrón (*m.*), 15
never nunca, 1
new nuevo(a), 2
next próximo(a)
  —to al lado de, 16
  —-to-last penúltimo(a), 11
ninth (fraction) noveno (*m.*)
no no, P
  —one nadie, 18
nobody nadie, 18
noise ruido (*m.*)
none (not any) ninguno(a), 17
north norte (*m.*), 4
  —America Norteamérica, 4;
  América del Norte, 4
  —American norteamericano(a),
  12
nose nariz (*f.*)
not no, P
note nota (*f.*)
notebook cuaderno (*m.*), P
noun nombre (*m.*), 3; sustantivo
  (*m.*), 3
nourish alimentar, 10
nourishing nutritivo(a), 19
nourishment alimento (*m.*), 10
  take— alimentarse, 10
now ahora, 3
number número (*m.*), 4; cifra (*f.*)
numerator numerador (*m.*), 14
nurse enfermero(a) (*m., f.*)
nutrient alimento (*m.*), 10
nutrition nutrición (*f.*), 19

O

object complemento (*m.*)
observe observar, 9
obtuse obtuso(a)
ocean océano (*m.*), 4

octagon octágono (*m.*)
odd impar (number), 13; extraño(a)
office oficina (*f.*), 3
on en, 2; sobre, 5
once in a while de vez en cuando, 9
one unidad (*f.*), 13
ones: the—who los (las) que, 12
onion cebolla (*f.*)
only único(a), 11; solamente, 11
open abrir, 2
opening abertura (*f.*), 17
operate operar, 7
operation operación (*f.*)
oral oral
orange anaranjado(a), 2; naranja (*f.*)
  —tree naranjo (*m.*), 10
orchid orquídea (*f.*)
order orden (*m.*)
  in—to para, 6
organ órgano (*m.*), 7
organic orgánico(a)
original original
other otro(a), 9
  the others los demás, 1
ounce onza (*f.*), 14
outside afuera
oxygen oxígeno (*m.*), 6

P

Pacific Pacífico (*m.*), 4
padlock candado (*m.*), 20
page página (*f.*), 2
paint pintura (*f.*); pintar
pairs
  in— de dos en dos, 10
pancreas páncreas (*m.*)
pansy pensamiento (*m.*)
pants pantalones (*m.*)
paper papel (*m.*), 2
parallel paralelo(a), 17; paralelo (*m.*)
parallelogram paralelogramo (*m.*)
parentheses paréntesis (*m.*)
parents padres (*m.*), 20
part parte (*f.*), 3
  be a—(of) formar parte (de), 7
participate participar, 1
participation participación (*f.*)
past pasado(a), 11; pasado (*m.*)
pattern modelo (*m.*), 5; patrón
  (*m.*), 5
pay pagar
  —attention prestar atención, 1
peace paz (*f.*), 18

257

peanut butter mantequilla de maní (cacahuate); mantequilla de cacahuete (*Méx.*)

pear pera (*f.*)

pen pluma (*f.*), P

pencil lápiz (*m.*), P

—**sharpener** sacapuntas (*m.*), P

peninsula península (*f.*)

pentagon pentágono (*m.*)

penultimate penúltimo(a), 11

people gente (*f.*), 12

pepper (bell) ají (*m.*); chile verde (*m.*)

per day al día, 19

percent por ciento, 14

percentage tanto por ciento (*m.*), 14

perfect perfecto(a), 13

perhaps quizá(s), 9

perimeter perímetro (*m.*), 17

period punto (*m.*)

permit permitir, 19

perpendicular perpendicular, 17

persecution persecución (*f.*), 12

person persona (*f.*), 6

personal personal, 19

pet animal doméstico (*m.*)

phenomenon fenómeno (*m.*)

phone teléfono (*m.*)

phosphorus fósforo (*m.*), 19

photograph fotografía (*f.*), 8

physical education educación física (*f.*)

physics física (*f.*), 15

pick up recoger, 5; buscar

picture lámina (*f.*), 4; ilustración (*f.*), 4

pie pastel (*m.*), 19

piece pedazo (*m.*), 19; trozo (*m.*), 19

pigment pigmento (*m.*), 6

pilgrim peregrino(a), 12

pink rosado(a), 2; rosa, 2

pint pinta (*f.*)

pioneer pionero(a) (*m.*, *f.*)

place lugar (*m.*), 13

plane plano (*m.*), 17

planet planeta (*m.*), 15

plant planta (*f.*), 10

platelet (blood) plaqueta (*f.*), 7

play practicar

playground patio (*m.*), 18

please por favor, P; gustar, 13; hacer el favor de..., 20

pleasure gusto (*m.*); placer

it's a—to meet you mucho gusto, P

the—is mine el gusto es mío, P

plus más (+)

point punto (*m.*), 14

pole polo (*m.*)

polite de cortesía

popular popular

population población (*f.*), 4

position posición (*f.*), 17

possible posible, 20

poster cartel (*m.*), 4

potato papa (*f.*), patata (*f.*)

—**chip** papita (*f.*)

pound libra (*f.*), 14

power potencia (*f.*), 12

practice practicar, 13

predicate predicado (*m.*)

prefix prefijo (*m.*)

prepare (oneself) preparar(se), 11

preposition preposición (*f.*)

present presente, 2

president presidente, 4

pretty bonito(a), 3

prevent prevenir, 19

prime primo(a), 13

principal director(a) (*m.*, *f.*), 3

problem problema (*m.*), 1

product producto (*m.*), 4

professor profesor(a) (*m.*, *f.*), P

progress adelantar, 17

progressing progresando

pronounce pronunciar, 11

proper propio(a)

—**noun** nombre propio (*m.*), 3

property propiedad (*f.*)

prosperity prosperidad (*f.*), 12

protect proteger, 6

protected protegido(a), 6

protein proteína (*f.*), 19

proton protón (*m.*), 15

proud orgulloso(a), 15

psychologist psicólogo(a) (*m.*, *f.*), 9

pulley polea (*f.*), 15

punish castigar, 9

puppet títere (*m.*), 16

purify purificar, 7

puritan puritano(a) (*m.*, *f.*)

purple morado(a)

push empujar, 18

put poner, 5

—**away** guardar, 3

—**on** ponerse, 16
—**together** armar, 16
puzzle rompecabezas (*m.*), 16
pyramid pirámide (*f.*)

Q

quantity cantidad (*f.*), 6
quart cuarto (*m.*)
question pregunta (*f.*), 11
—**mark** signo de
interrogación (*m.*)
quiet callado(a), 16; calladito(a)
quotation marks comillas (*f.*)
quotient cociente (*m.*)

R

rabbit conejo (*m.*)
radius radio (*m.*), 17
rain llover (*o:ue*), 10
raincoat impermeable (*m.*); capa de
agua (*f.*) (*Puerto Rico*)
raise levantar
read leer, 1
reading lectura (*f.*), 1
—**book** libro de lectura (*m.*), 2
—**hour** hora de lectura (*f.*), 2
ready listo(a), 5
reality
in— en realidad, 19
reason razón (*f.*), 20
receive recibir, 20
recess hora de recreo (*f.*), 3
reciprocal recíproco(a), 14
rectangle rectángulo (*m.*)
red rojo(a), 2
reduce reducir, 14
register matricular(se), 20
registered matriculado(a), 20
regular regular, 11
rejoice (at) alegrarse (de), 17
related relacionado(a)
religious religioso(a), 12
remain quedarse, 16
remainder residuo (*m.*)
remember recordar (*o:ue*), 6;
acordarse (*o:ue*) (de), 19
remove quitar, 10
repair reparación (*f.*), 19
repeat repetir (*e:i*), 11
report card libreta de calificaciones
(*f.*), 1; boleta de calificaciones (*f.*)
(*Méx.*), 1; tarjeta de notas (*f.*)
(*Puerto Rico*), 1

reptile reptil (*m.*), 8
request pedir (*e:i*), 8
resolve resolver (*o:ue*), 13
respect respetar
respiratory system aparato
respiratorio (*m.*), 7
retain retener, 19
return regresar, 3; volver (*o:ue*), 10;
devolver (*o:ue*)
review repasar, 11; repaso (*m.*), 3
rhombus rombo (*m.*)
rhyme rimar
right derecho(a)
—**angle** ángulo recto (*m.*), 17
—**now** ahora mismo, 3
—**?** ¿verdad?
to the— a la derecha, 5
ring sonar (*o:ue*), 6
rise subir(se), 10
river río (*m.*), 4
Roman romano(a), 13
room cuarto (*m.*), 18
rooster gallo (*m.*)
root raíz (*f.*), 10
rope cuerda (*f.*), 18
rose rosa (*f.*)
rubella rubeola (*f.*)
rug alfombra (*f.*), 16
rule regla (*f.*), 11
ruler regla (*f.*), P
run correr, 16

S

salary sueldo (*m.*), 20
salivary salival
salt sal (*f.*), 15
salute saludar
same mismo(a), 11; igual
sand arena (*f.*), 18
sandwich sándwich (*m.*), 18;
bocadillo (*m.*) (*España*), 18;
emparedado (*m.*), 18; torta (*f.*)
(*Méx.*), 18
satellite satélite (*m.*), 15
satisfactory satisfactorio(a), 1
say decir (*e:i*), 7
How do you—. . .? ¿Cómo se
dice...?, 3
saying dicho (*m.*), 19
scale escama (*m.*), 8
scalene escaleno
scarf bufanda (*f.*)
scholastic escolar, 20

school   escuela (*f.*), 2;
   (*adj.*) escolar, 20
   —-related   escolar, 20
science   ciencia (*f.*), 8
scientific   científico(a), 15
scissors   tijeras (*f. pl.*), 5
sea   mar (*m.*)
sealed   cerrado(a), 20
seat   asiento (*m.*)
   Have a—   Tome asiento, P
secretary   secretario(a) (*m.*, *f.*), 2
second   segundo(a), 6
see   ver, 7
   Let's see   A ver, 11
seed   semilla (*f.*), 10
segment   segmento (*m.*), 17
self   mismo(a), 17
semicolon   punto y coma
senator   senador(a) (*m.*, *f.*)
send   enviar, 7; mandar, 18
sense   sentido (*m.*)
sentence   oración (*f.*), 3
separate   separar(se), 10
serpent   serpiente (*f.*), 8
serve   servir (*e:i*), 7
seventh (fraction)   séptimo (*m.*)
several   varios(as), 5
sew   coser
shape   forma (*f.*), 8
sheep   oveja (*f.*)
shelf   estante (*m.*), 5
shirt   camisa (*f.*)
short   bajo(a); corto(a)
   —story   cuento (*m.*), 16
   —wave   onda corta (*f.*)
should   deber, 2
sick   enfermo(a), 20
sickness   enfermedad (*f.*), 19
side   lado (*m.*), 17
sight   vista (*f.*), 9
sign   firmar, 1; signo (*m.*)
signify   significar, 1
silence   silencio (*m.*), 2
silent   callado(a), 16; calladito(a)
silently (*reading*)   en silencio, 2; con
   la vista, 2
simple   simple, 15
simplify   simplificar, 14
simultaneously   a la vez, 11
sing   cantar, 16
singular   singular
sir   señor (*m.*), P
sit down   sentar(se) (*e:ie*), 9
situated   situado(a), 4

situation   situación (*f.*)
sixth (fraction)   sexto (*m.*)
skeleton   esqueleto (*m.*), 6
skin   piel (*f.*), 6
skirt   falda (*f.*)
skull   cráneo (*m.*), 6
slave   esclavo(a) (*m.*, *f.*)
slavery   esclavitud (*f.*), 12
sleep   dormir (*o:ue*), 6
slowly   despacio, 19
small   pequeño(a), 5
   —letter   minúscula (*f.*), 3
smaller   menor, 13
smallpox   viruela (*f.*)
smell   olfato (*m.*)
snail   caracol (*m.*)
snake   serpiente (*f.*), 8
so   así que, 9; así
   —much   tanto, 17
sodium   sodio (*m.*), 15
   —chloride   cloruro de
   sodio (*m.*), 15
soil   tierra (*f.*), 8
solar   solar, 15
solid   sólido(a), 15
solidification   solidificación (*f.*)
solution   solución (*f.*), 9
some   algunos(as), 2
somebody   alguien, 6
someone   alguien, 6
something   algo, 5, 8
   —else   otra cosa
sometimes   a veces, 1
son   hijo (*m.*), 9
song   canción (*f.*), 16
soon   pronto, 13
sorry: I'm—   Lo siento, 20
sound   sonido (*m.*), 11
   —(like)   sonar (*o:ue*) (*como*), 11
source   fuente (*f.*)
south   sur (*m.*), 4
   —America   Sudamérica
space   espacio (*m.*), 15
Spain   España, 12
speak   hablar, 1
special   especial
speed   velocidad (*f.*)
spell   deletrear, 11
   How do you— . . . ?   ¿Cómo se
   escribe...?, 3
spelling   ortografía (*f.*), 3
   —bee   concurso de ortografía
   (*m.*), 11
sphere   esfera (*f.*)

spider araña (*f.*)
spine columna vertebral (*f.*), 8
spinal cord médula espinal (*f.*)
sport deporte (*m.*), 19
spouse esposo(a) (*m., f.*), 9
square cuadrado (*m.*); cuadrado(a)
   —measure medida cuadrada (*de superficie*) (*f.*)
stand (up) pararse, 16
   —for significar, 1
star estrella, 15
start empezar (*e:ie*), 5; comenzar (*e:ie*), 12; (*war*) estallar, 12
state estado (*m.*), 4
stay quedarse, 16
steal robar, 20
stem tallo (*m.*), 10
step paso (*m.*)
still todavía, 11
stockings medias (*f.*)
stomach estómago (*m.*), 6
stop parada (*f.*), 20
story cuento (*m.*), 16
straight recto(a), 17
strawberry fresa (*f.*)
stress acento (*m.*), 11
student alumno(a) (*m., f.*), P; estudiante (*m., f.*), P
study estudiar, 1; estudio (*m.*), 17
subject materia (*f.*), 1 (*m.*), tema (*m.*), 20; sujeto (*m.*)
subtract restar, 1
subtraction resta (*f.*)
subtrahend substraendo (*m.*)
suffer (from, with) padecer (*de*), 7
sufficient suficiente, 9
suffix sufijo (*m.*)
sugar azúcar (*m.*), 4
suggest sugerir (*i:ie*), 16
sun sol (*m.*), 10
sunlight luz del sol (*f.*), 10
supervision supervisión (*f.*), 20
support sostener, 6
suppose suponer, 15
sure seguro(a), 4
surname apellido (*m.*)
swallow tragar, 6
sweet dulce (*m.*), 18; golosina (*f.*), 18
swimming natación (*f.*)
swing columpio (*m.*), 18
syllable sílaba (*f.*), 11
symbol símbolo (*m.*)
synonym sinónimo (*m.*)

T

table mesa (*f.*), 5; tabla (*f.*)
   multiplication— tabla de multiplicación, 1
tadpole renacuajo (*m.*), 8
take llevar, 1; tomar, 7
   —a trip hacer un viaje, 15
   —advantage of aprovechar, 20
   —away llevarse, 10; quitar, 10
   —out sacar, 16
   —part in sports practicar deportes, 19
   —roll (attendance) pasar lista, 2
tall alto(a), 4
tape (cassette) cinta (*f.*)
   —recorder grabadora (*f.*)
taste gusto (*m.*)
tea té (*m.*), 16
teach enseñar, 10
teacher maestro (a) (*m., f.*), P; profesor(a) , P
tell decir (*e:i*), 7; contar (*o:ue*), 16
temperate templado(a)
ten decena (*f.*), 13
   —thousandth diez milésimo(a)
tennis tenis (*m.*), 16
tenth décima (*f.*), 14; (*fraction*) décimo (*m.*)
territory territorio (*m.*)
tetanus tétano (*m.*)
than que, 4
thank agradecer, 20
   —you gracias, P
Thanksgiving Day Día de Acción de Gracias (*m.*)
that que, 4; ese(a) 8; eso, 8
then entonces, 11; luego, 13
there allí, 4
   —is (are) hay, 2
   —was (were) había, 12; hubo, 12
these estos(as)
thing cosa (*f.*), 5
think pensar (*e:ie*), 6; creer, 9
third (fraction) tercio (*m.*)
thirsty: to be— tener sed, 5
this este(a), 7
thousand millar (*m.*)
thousandth milésima (*f.*)
thread hilo (*m.*)
throughout por todo, 6
throw tirar, 18
   —up vomitar
tiger tigre (*m.*)

time tiempo (*m.*), 12; vez (*f.*), 19; época (*f.*)
   at that— en esa época, 12
   at the same— a la vez, 11
   from—to— de vez en cuando, 19
   —to go hora de salida (*f.*), 5
   what—is it? ¿Qué hora es?, 1
tissue tejido (*m.*), 19
today hoy, P
toe dedo del pie (*m.*)
together juntos(as), 20
tomato juice jugo de tomate (*m.*)
tomorrow mañana, 4
ton tonelada (*f.*), 14
tongue lengua (*f.*)
too también, 16
   that's—bad ¡Qué lástima!, 20
   —much demasiado(a), 16
tooth diente (*m.*), 19
top arriba, de arriba, 5
   on—of sobre, 5; encima de
topic tema (*m.*), 20
total suma (*f.*); total (*m.*)
touch tacto (*m.*)
tour excursión (*f.*)
toward hacia, 16
trace trazar, 5; calcar
trachea tráquea (*f.*), 7
transform transformar, 10
trapezoid trapecio (*m.*)
trash can basurero (*m.*), 18
travel viajar
tree árbol (*m.*), 5
triangle triángulo (*m.*)
trim recortar
trip viaje (*m.*)
true verdadero(a)
   —? ¿verdad?, 1
trunk (tree) tronco (*m.*), 10
try tratar (de), 9; esforzarse (*o:ue*), 9
T-shirt camiseta (*f.*)
tuna fish atún (*m.*), 18
turkey pavo; guajolote (*m.*) (*Méx.*); guanajo (*m.*) (*Cuba*)
turn turno (*m.*)
   —in entregar
   —into transformarse, 10; convertirse (*e:ie*) (en), 19
   —off apagar, 16
   —on encender (*e:ie*); prender
   to be one's— tocarle a uno(a), 16
turtle tortuga (*f.*), 8
T.V. set televisor (*m.*)

two dos
   —by— de dos en dos, 10
type clase (*f.*), 8

U

uncle tío (*m.*), 4
under bajo, 13; debajo de
underline subrayar, 3
understand entender (*e:ie*), 5; comprender, 20
unfold desdoblar
unfortunately desgraciadamente, 17
union unión (*f.*), 6
unit unidad (*f.*), 13
unite unir, 17
United States Estados Unidos, 4
unless a menos que, 19
until hasta, 5
up arriba
upper de arriba, 5
   —case mayúscula, 3
upstairs arriba
urgent urgente
use usar, 3
useful útil

V

Valentine's Day Día de los Enamorados (*m.*)
vanilla vainilla (*f.*)
various varios(as), 5
VCR videograbadora (*f.*)
vein vena (*f.*), 7
velocity velocidad (*f.*)
ventilation ventilación (*f.*), 19
verb verbo (*m.*), 3
verify comprobar (*o:ue*), 15
versus contra, 12
vertebrate vertebrado (*m.*), 8
vertical vertical, 17
vertex vértice (*m.*), 17
very muy
vice principal vicedirector(a) (*m.*, *f.*), 20
video video (*m.*)
violet violeta (*f.*)
visiting de visita, 20
vitamin vitamina (*f.*), 19
vocabulary vocabulario (*m.*), 2
volcano volcán (*m.*), 4
volleyball vólibol (*m.*)
volunteer voluntario(a) (*m.*, *f.*), 20

vote votar
vowel vocal (*f.*), 11

W

wait esperar, 2
walk caminar, 10
want querer (*e:ie*), 8
war guerra (*f.*), 12
warm cálido(a)
wash lavar(se), 19
wasp avispa (*f.*)
watch vigilar, 18; reloj (*m.*)
water agua (*f.*), 5
　—color acuarela (*f.*)
way manera (*f.*), 11
　this— por aquí, 10
weak débil, 19
weather clima (*m.*)
week semana (*f.*), 4
weight peso (*m.*), 14
well bien, P; bueno..., 1
west oeste (*m.*), 4
what qué, 1; cuál(es), 3; lo que, 9
　—a pity! ¡Qué lástima!, 20
　—for? ¿Para qué?, 5
when cuándo, 6
where (to) dónde, 1; adónde, 6
which cuál(es), 3
white blanco(a), 7
who que, 9; quién(es)
whole entero (*m.*), 14
whom quién(es)
whooping cough tos ferina (*f.*)
why? ¿para qué?, 5
width ancho (*m.*), 17

wife esposa (*f.*), 9
window ventana, P
windpipe tráquea (*f.*), 7
wish querer (*e:ie*), 8
with con, 1
　—me conmigo, 6
　—you contigo, 17
without sin, 7
wood madera (*f.*), 10
word palabra (*f.*), 2
work trabajo (*m.*), 1; trabajar, 1
workbook cuaderno de ejercicios
　(*m.*), 2
world mundo (*m.*), 4; mundial, 12
　—wide mundial, 12
worry preocuparse
wow! ¡uy!, 4
write escribir, 2
written escrito(a), 13
wrong mal, 3

Y

yard yarda (*f.*), 14
yarn estambre (*m.*), 5; lana de tejer
　(*f.*), 5
year año (*m.*), 10
yellow amarillo(a), 2
yes sí, 1
yesterday ayer, 11
yet todavía
　not— todavía no, 2

Z

zebra cebra (*f.*)